YECHEL GAGNON

PALIMPSEST

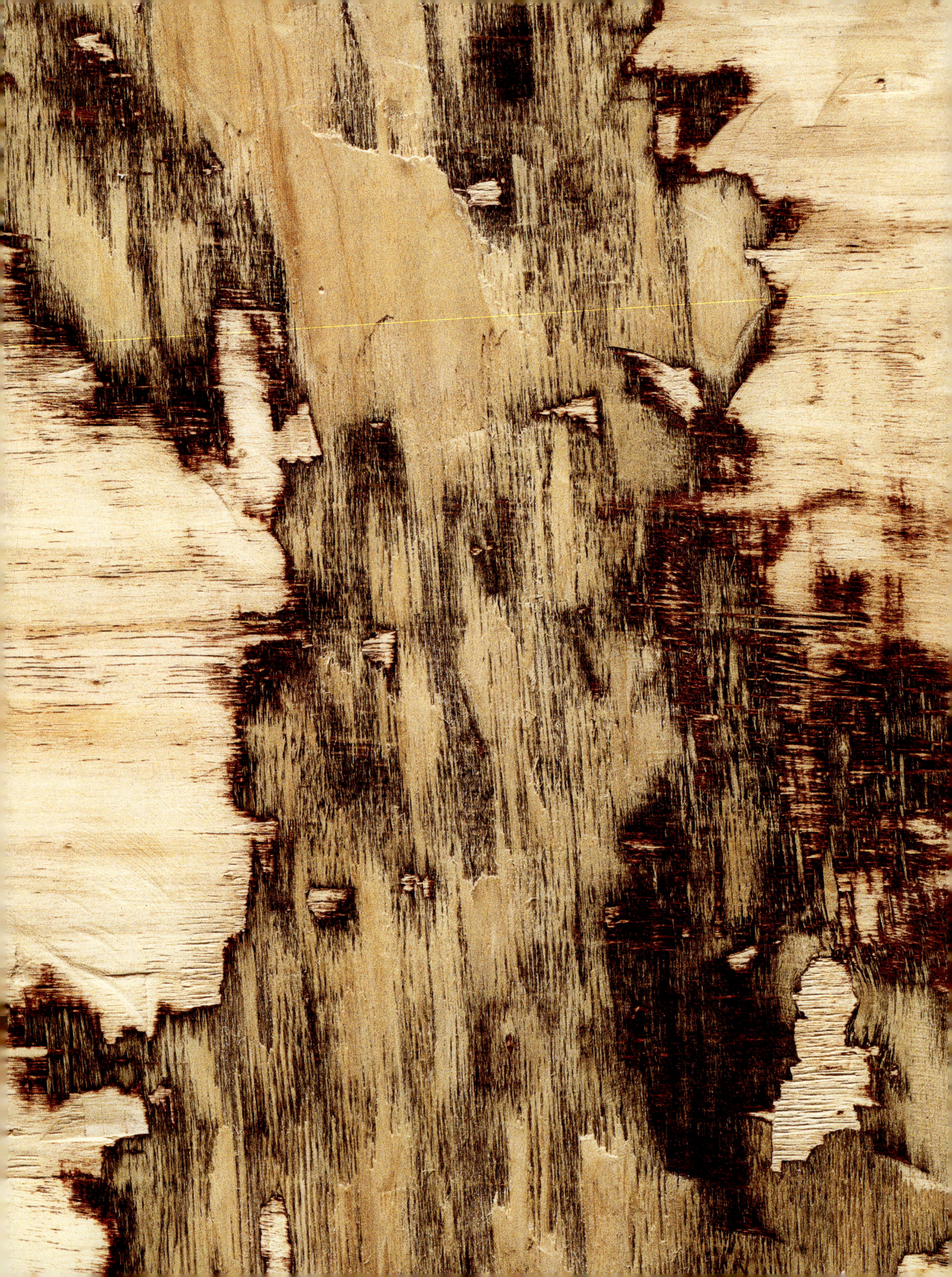

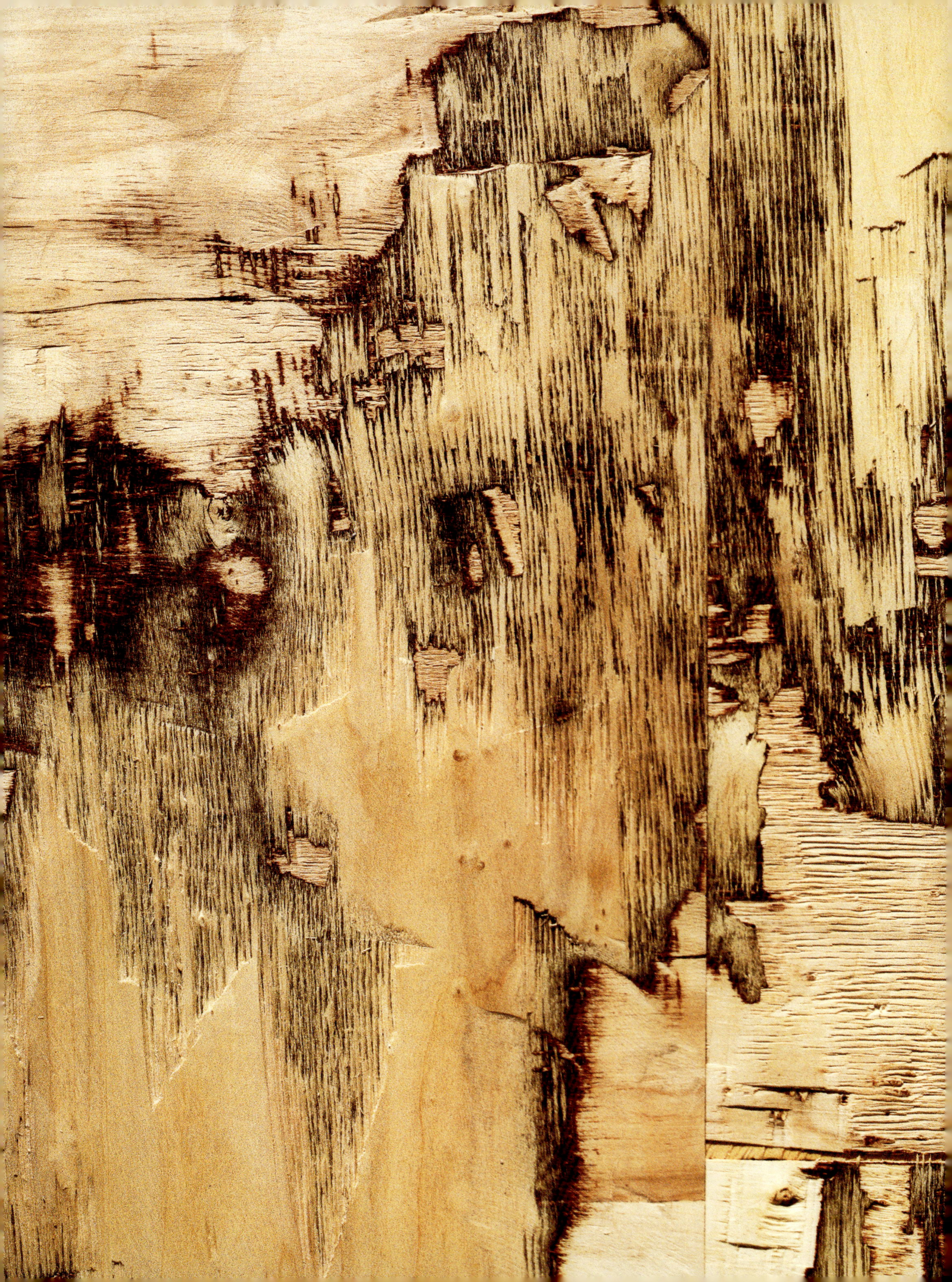

YECHEL GAGNON
PALIMPSEST

Curated by Alexandria Pierce

With essays by Alexandria Pierce and Bernard Chassé and
an interview by Stéphane Aquin

McMaster Museum of Art, 2004
McMaster University
Hamilton, Canada

Alvin A. Lee Building
McMaster University
1280 Main Street West
Hamilton, Canada L8S 4L6
(905) 525-9140, ext. 23081
http://www.mcmaster.ca/museum

ISBN: 1-894088-50-6

Library and Archives Canada Cataloguing in Publication Data

Pierce, Alexandria
Yechel Gagnon: Palimpsest/curated by Alexandria Pierce; with essays by Alexandria Pierce and Bernard Chassé; and an interview by Stéphane Aquin

Catalogue of an exhibition held at the McMaster Museum of Art, Aug. 29–Nov. 28, 2004
Text in English and French
Includes bibliographical references
ISBN 1-894088-50-6

1. Gagnon, Yechel, 1973– –Exhibitions. I. Gagnon, Yechel, 1973– II. Chassé, Bernard, 1964– III. Aquin, Stéphane IV. McMaster Museum of Art

V. Title: Palimpsest

N6549.G343A4 2004 709'.2
C2004-905524-0E

Catalogue avant publication de Bibliothèque et Archives Canada

Pierce, Alexandria
Yechel Gagnon : Palimpsest/Alexandria Pierce, conservatrice; avec des essais par Alexandria Pierce et Bernard Chassé et une entrevue par Stéphane Aquin

Catalogue d'une exposition tenue au McMaster Museum of Art du 29 août au 28 nov. 2004
Texte en anglais et en français
Comprend des réf. bibliogr.
ISBN 1-894088-50-6

1. Gagnon, Yechel, 1973– –Expositions. I. Gagnon, Yechel, 1973– II. Chassé, Bernard, 1964– III. Aquin, Stéphane IV. McMaster Museum of Art

V. Titre : Palimpsest

N6549.G343A4 2004 709'.2
C2004-905524-0F

Acknowledgments

The McMaster Museum of Art is supported by McMaster University, the Hooker Endowment, and the Museum's Endowment, Trust and Support Funds. The continued growth of the art collection has been supported through the Cultural Property Export Review Board, Department of Canadian Heritage, the Canada Council Acquisitions Assistance Programme, the Elizabeth L. Gordon Art Programme of The Walter and Duncan Gordon Foundation, and the generosity of individual donors.

Yechel Gagnon has received financial support for this exhibition from The Canada Council for the Arts.

Translation of Alexandria Pierce's essay from English: Françoise Charron
Translation of Bernard Chassé's essay from French: Nicolas Masino, Alexandria Pierce
Translation of Stéphane Aquin's essay from French: Nicolas Masino
Design: Fugazi, Montreal
Proofreading: Zora McLachlan, Alexandre Masino, John Parry, Erik Sandbergen, Greg Rennick, RoseAnne Prevec
Photography: Isaac Appelbaum, except for p. 37 and 48 by Alexandre Masino
Installation: Yechel Gagnon assisted by Jennifer Petteplace, Alexandre Masino, Krzysztof Adamczyk, and Hamish Shea-Pelletier
Communications: RoseAnne Prevec
With special thanks to Alexandre Masino

Contents Table des matières

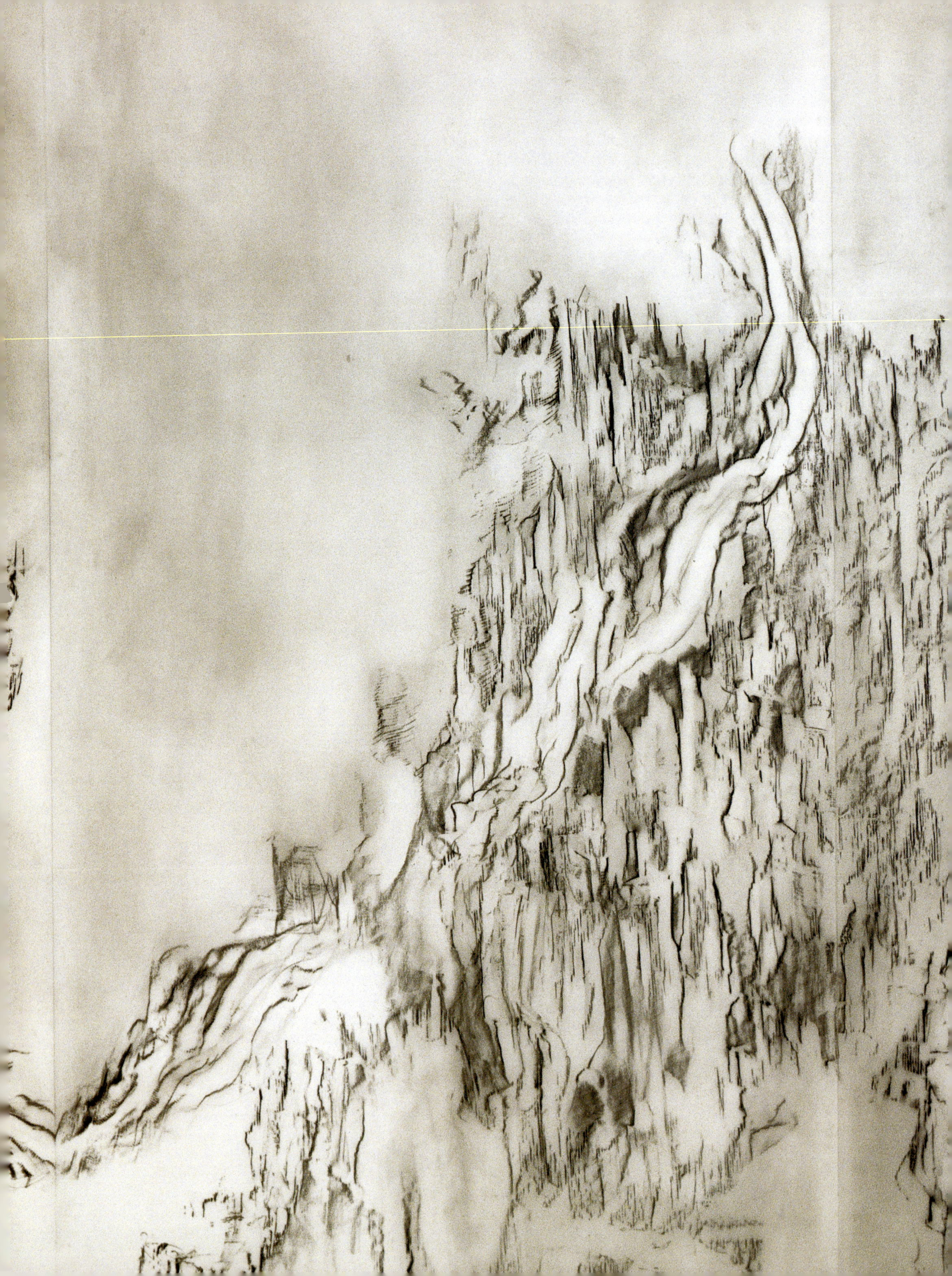

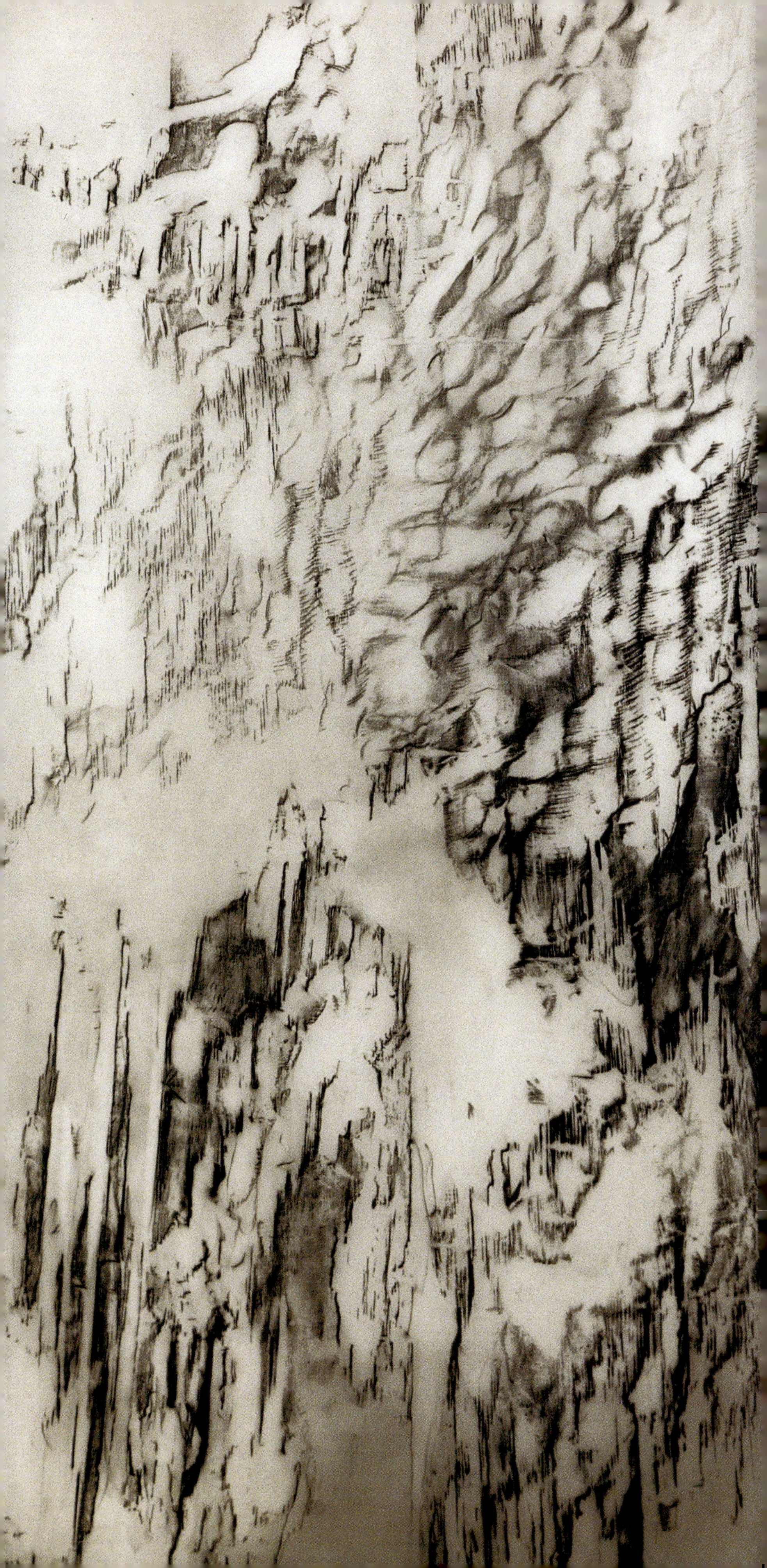

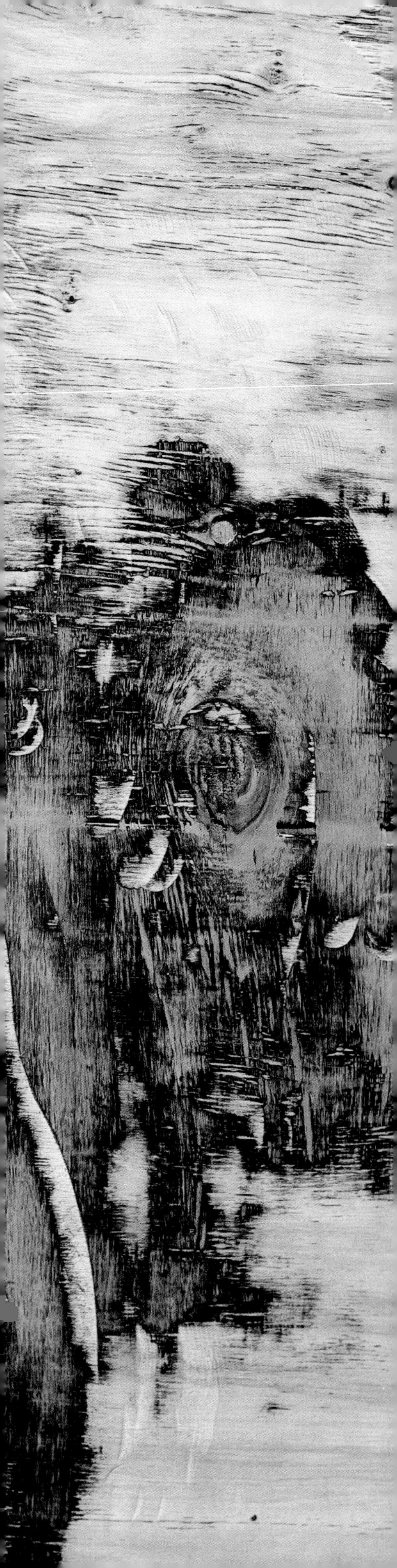

Yechel Gagnon's art inspires the same half-sensed longing stirred by Argentinean writer Jorge Luis Borges (1899–1986) in his esoteric writings that encompass Chinese gardens and labyrinths. *Palimpsest* refers to layering in visual art, while in literary works the term *palimpsest* refers to "an infinite text, a palimpsest of multiple layers of discourse."[1] Both Gagnon and Borges convey the concept of layering, to produce creations laden with suggestions of myths, tragedies, and vistas of other worlds. Their enigmatic works are fragmented, layered by dream, by time and by mist. To add to the complexity, Gagnon's mural entitled *Palimpsest*, 2004, also the title of her installation, suggests a relationship to medieval Chinese landscape painting due to the visual effect of the marks made by routering, chiselling and gouging into the layered surface of the plywood. Moreover, Gagnon's art evokes Jean Baudrillard's concept of *simulacra* when she clones by "quoting" from the surface of her relief sculpture to render drawings and embossments. A French social theorist, Baudrillard (1929–) theorizes about a contemporary society of simulations and cloning[2] and repeatedly cites Borges' allegory "where the cartographers of the Empire draw up a map so detailed that it ends up exactly covering the territory" eventually replacing the real territory and becoming an abstraction.[3] Borges' writing is arguably an illuminating foil to the illusionary simulations created by Yechel Gagnon. Borges drew his fiction and his essays from many sources. Similarly, Gagnon creates multiple fictions in the mind by communicating in images that rise to the surface of the wood. The images produced appear to simulate Chinese landscape painting. Gagnon's art can be contextualized further: "We live in an age of standardized cultures, of "channel-surfing" among civilizations ....even as meaning is lost the moment that its unique historical itinerary ceases to be taken into account."[4]

Works in the Exhibition

Following a site visit to the McMaster Museum of Art in October 2003, Yechel Gagnon created *Palimpsest*. Works executed in her studio, shipped to the Museum, and transformed into a total work of art may be thought of like all three of Baudrillard's orders of simulation (his *simulacra*). The "first-order simulation" is the real object (the plywood, the paper). His "second-order simulation" blurs the boundaries between reality and representation (the topography of the gouged plywood); and his "third-order simulation" is the *hyperreal* or replica of the replica[5] (Gagnon's *frottage* of the gouged and carved plywood relief sculpture).

The relief sculpture *Palimpsest*, measuring 10 x 35 feet (305 x 1067 cm), forms a mural comprising fourteen panels of gouged and chiselled spruce plywood. Created by a subtractive process, it is formed by ripping and chiselling with grinders, routers, sanders and knives to create eroded surfaces suggesting topographical forms, Chinese landscapes and a fictional

1
Didier T. Jaén, *Borges' Esoteric Library, Metaphysics to Metafiction*. Lanham, University Press of America, 1992, p. 3.

2
Jean Baudrillard, *The Vital Illusion*. Ed. Julia Witwer. New York, Columbia University Press, 2000.

3
Jean Baudrillard, *Selected Writings*. Ed. Mark Poster. Stanford, Stanford University Press, 1988, p. 166. Richard J. Lane, *Jean Baudrillard*. London and New York, Routledge, 2000, p. 86, identifies this fable as Borges' "Of Exactitude in Science." Baudrillard also refers to the "fable of the map and the territory" in *The Vital Illusion*, p. 63.

4
François Jullien, *In Praise of Blandness, Proceeding from Chinese Thought and Aesthetics*. Translated by Paula M. Versano. New York, Zone Books, 2004, p. 24.

5
Baudrillard explains this in "Simulacra and Simulations," *Selected Writings*, pp. 166–184.

mapping of the world. In the same gallery, a work entitled *Plies*, 2004, comprised of three free-standing columns, each 10 x 2 x 2 feet (305 x 61 x 61 cm), sanctifies the Sherman Gallery with its pristine serrated wooden forms that are resonant of Dolmens and temple architecture. Made by an additive process, two of the columns lean at 89.5 degree angles, and the third is completely straight. The monumentality of Gagnon's wooden panels and freestanding columns implies the force of history, not with the violence of fire and blood as in Borges, but as traces, memory and information.

Her work entitled *Nuances*, 2004, is created by a frottage technique where "rubbings" or visual impressions are obtained by impressing a real object with paper or another material. Gagnon mapped these fragments by drawing them with charcoal or graphite onto paper or mylar. Situated in the Panabaker Gallery, *Nuances*, measuring 10 x 16 feet (305 x 488 cm), is comprised of seven separate sheets, four of graphite on mylar and three with graphite and charcoal on paper. Positioned on the end wall of this chapel-like white space, it repeats some of the information on the mural *Palimpsest* in the adjoining gallery. It is a simulation of a simulation, mapping the act of carving onto the realm of drawing.

Just inside the entrance to the Panabaker Gallery three vertical embossments, measuring 10 x 2.5 feet (305 x 76 cm), entitled *Mindscapes* I, II, III, 2004, were created by positioning and impressing thick wet paper over sections of plywood relief sculpture. In Gagnon's work, the final result appears to be unstudied and never overworked, but the process is as labour intensive and as intricate as computer circuitry. The routering tools require physical stamina and a high level of skill to intervene with the surface of the wood and to raise it to the level of art, rather than to leave it as a defaced slab. While Paterson Ewen (1925–2002) used plywood as his material and a router as his tool, his works are Modernist—the colours are rich and vibrant, the themes sublime, the surfaces are bravado inflections. Distinct from the Modernist concept of artistic genius, Gagnon's command of forms resembling ink wash painting, and her capacity to select and render conveys an understanding of the moral law in nature, strengthening her artistic integrity. Its elegance belies its origins in wood and paper, mould and product. Gagnon's art is like the map that covers the surface, providing the comfort of certainty that a map provides. The poured paper moulds become objects themselves when extruded. They are replicas of the replica, thus *hyperreal*—and free from reality.

Gagnon, Borges and Chinese Aesthetics

Like the Chinese landscape painters moved by the ideal, Gagnon's art recaptures the freshness, the vitality or *chi* that runs through all things and imparts this energy to the world. At once architectural and restrained, poetic and mysterious, this art is satisfying, since it is *full*: full of nuances, full of memory, full of space, both open and contained. It is also *free*: free of politics, free of irony, void of cliché. The palimpsest does retain a sacred connotation arising from impressions like barely perceived floating clouds, falling water, and details in the surface of rock formations. Borges writes, "We must save the traces of the illusory world's definitive opacity and mystery."[6] Arguably, this is what Gagnon does in the imaginative spaces revealed in the routered, chiselled and treated surfaces of wood, and in the frottages produced on paper and mylar by rubbing and embossing. In Borges' essay, *The Wall and the Books*, he speculates "that all arts aspire to the condition of music, which is pure form."[7] Gagnon's process is to inscribe cadences and rhythms and transcribe them onto paper and wood, controlling and actualizing creative forces, thus projecting libidinal energy.

The free play of illusion, together with the mystery arising from the palimpsest of this layering, reveals what is not hidden while retaining an aura of mystery. The delicacy of her art belies her physical intervention with the wood. Just as Wang Meng, one of the four great painting masters of the Yüan dynasty (A.D. 1280–1368) achieved "a final effect of repose" with his "technique of restless intensity," so too does Gagnon direct the force field of her creativity through tools to the wood under them, to create a world beyond the real. Chinese landscape painting requires years of practice to achieve the requisite control of the body and discipline of the mind needed to master it.[8] Created in the studio, Chinese landscape painting results from recalling an image from the mind. The concentration and energy necessary to create fine calligraphy or a subtle ink brush painting are the same synergy that Gagnon finds. Hers is not an art of chance but one of precision, gradation and subtlety. Her employment of monochrome or very restrained hints of colour bears comparison to medieval Chinese aesthetics where poetry, calligraphy and painting were intended to inspire contemplation.

Allegedly, painting did not move Borges, because he went blind in early middle age, but Chinese aesthetics fascinated him. His story, *The Garden of the Forking Paths*, is a labyrinthine tale whose theme is time.[9] It "embraces all possibilities of time." In the story, Dr. Yu Tsun, a spy for the Germans in the First World War, arrives at the home of Dr. Stephen Albert in a suburb of London. He intends to kill Albert so that the murder would be in the news and signal the Germans to bomb the city of Albert, where the British held their munitions. However, before he acts, he learns that Albert is a Sinologist who has reconstructed an intricate garden from his perception of illusory images in the novel of Ts'ui Pên, a governor of Yunnan and Yu Tsun's own great grandfather.[10] Borges' story, while irrational, is imaginable. There is the possibility that it contains a greater mystery. Gagnon's large-scale drawing *Nuances* is like the "image of the universe as Ts'ui Pên conceived it."[11] Out of seeming randomness, Gagnon creates delicate metaphysical sketches that belie the physicality of the process. The aesthetic becomes the

6
Vital Illusion, p. 74.

7
Jorge Luis Borges, *A Personal Anthology*. Ed. Anthony Kerrigan. New York, Grove Press, Inc., 1968, p. 92.

8
Barry Till, *Chinese Painting from the Bei Yi Zhai Collection*. Victoria, Art Gallery of Greater Victoria, Exhibition Essay, 1992, unpaginated.

9
Jorge Luis Borges, *Labyrinths. Selected Stories and Other Writings*. Ed. Donald A. Yates and James E. Irby. New York, New Directions Publishing, 1964, pp. 19–29.

10
Labyrinths, pp. 27, 28.

11
Labyrinths, p. 28.

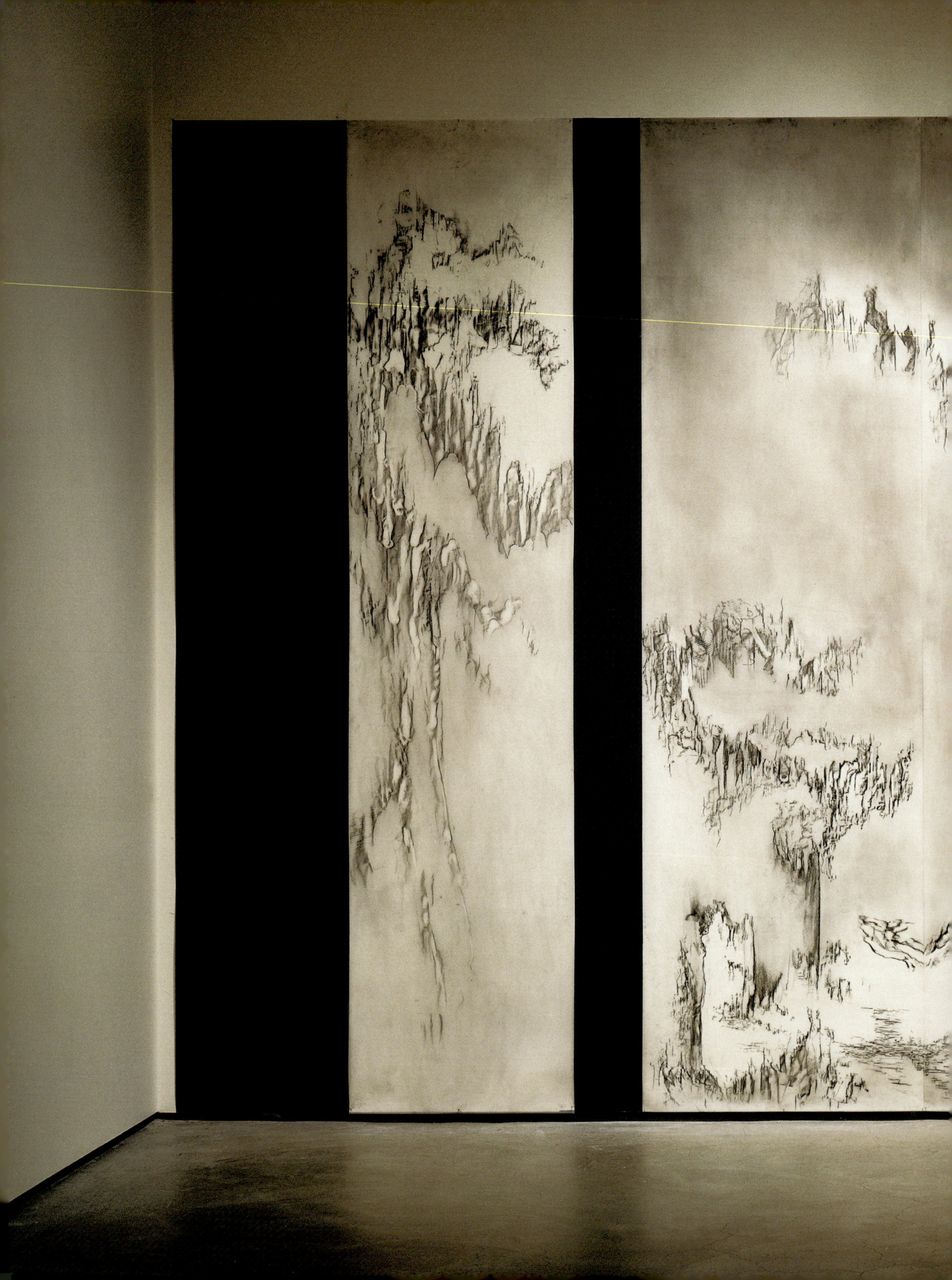

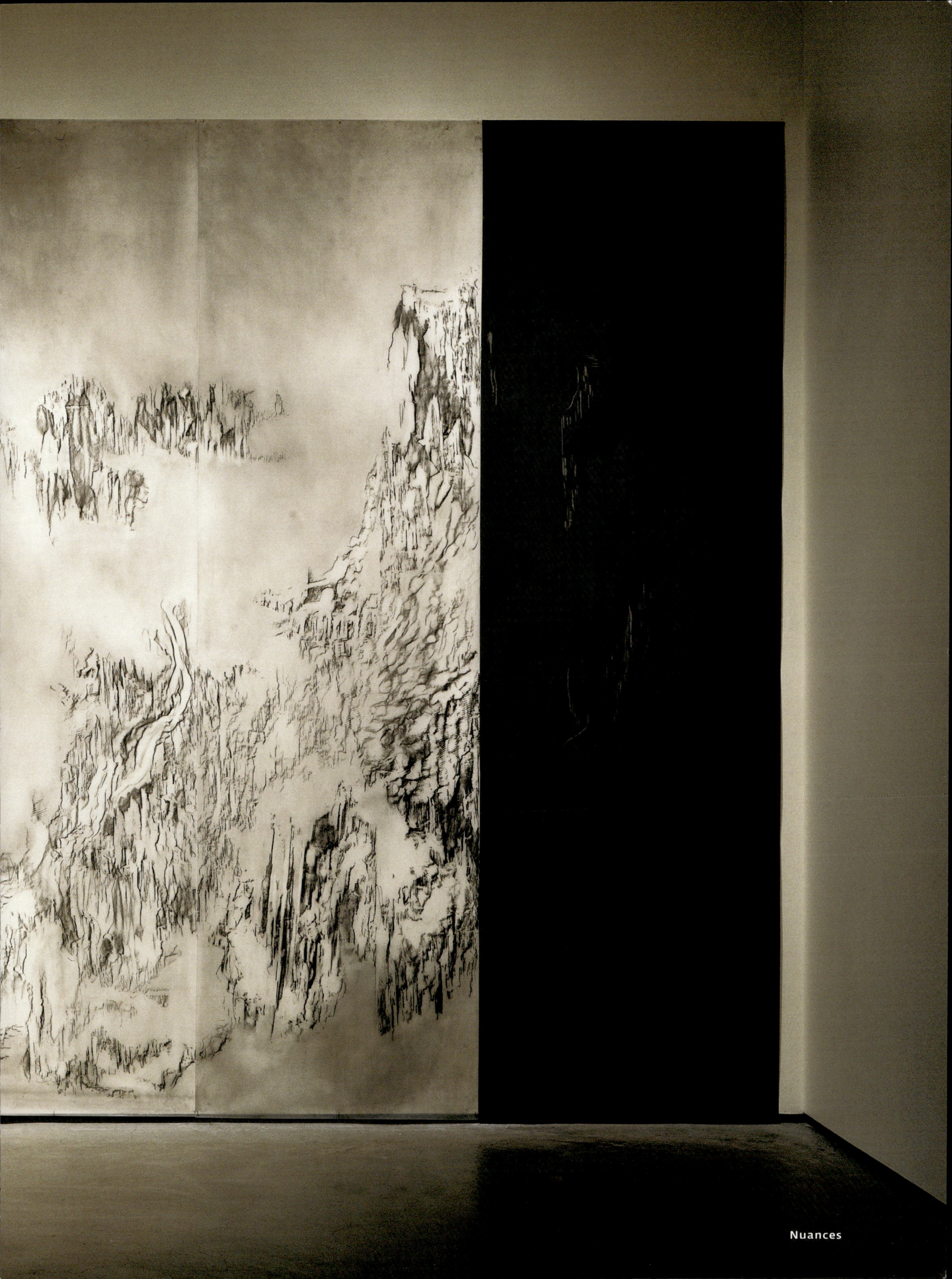

marvellous, and the viewer is allowed to dream, to imagine a purpose to the universe and to picture wordless artificial intelligence.

The poetic subtlety of Gagnon's art, its monochromatic delicacy and its evocation of mist, falling water, and caves, is reminiscent of Chinese ink brush painting.[12] The Chinese word *dan* ("bland" or "insipid") signifies both delicacy and inner detachment. The blandness and elegiac beauty that inspires Chinese aesthetics invites meditative contemplation, leading to introspection and a calming effect. François Jullien, a professor of Chinese philosophy and literature at the University of Paris, finds the concept of blandness to be a commonality in Confucianism, Daoism, and Buddhism. It is not an abstraction but a property that allows access to the "uncluttered spareness and allusive depths" of Chinese art, unfurling and expanding into the world with nuanced profundity.[13] *Blandness* is the capacity to remain neutral, with the emotions in balance, obtaining efficacy by being discreet and unobtrusive. It rejects everything that is spectacular and superficial; whatever is diffuse, obscure, and subtle is never wearing but is of essence. *Blandness* expresses a harmonious relation to the world, a tranquility defined in Chinese aesthetics as emptiness or a "poetic quality that opens the way to this unceasing *transformation*."[14] It ebbs and flows with the visible and the invisible, its emptiness embracing all possible worlds. *Blandness,* according to Su Dongpo (1037–1101, *aka* Su Shi) allows one to return the mind to its virtual state. As Jullien writes,

> The richness of the bland lies in its capacity to offer us an opportunity to transform our gaze into consciousness and to go endlessly deeper. Rather than providing immediate gratification of our most superficial tastes, a bland painting beckons our inner being to immerse itself in it ever further. And so painting and consciousness evolve together...[15]

When Gagnon contemplates how patterns in wood contain all the wonders of the universe, compressing the mystical aura of the world into whorls or vignettes, her mental activity is similar to Borges dreaming of an *Aleph*: a point in space containing all points, a place where all places in the world come together and can be seen from every angle, revealing the universe in a hole in the trapdoor of a cellar under a dining room floor.[16] Borges suggests the absurdity of attempting to decipher the universe, while Gagnon presents visual evidence of the metaphysical journey possible through discovery rather than through invention. Borges refers to eighteenth century Idealist philosophers (i.e., George Berkeley) who proclaimed that reality exists only in the mind. Perhaps the artist has a greater chance to achieve aesthetic perfection than the scholar has of discovering truth, since visuality is empirical. Borges conjectures "a world of evanescent impressions; a world without matter or spirit, neither

12
Gary Michael Dault, "Yechel Gagnon at V. MacDonnell Gallery," *The Globe and Mail*, 9 February 2000, p. C6.

13
In Praise of Blandness, pp. 24, 25.

14
In Praise of Blandness, p.106.

15
In Praise of Blandness, p.133.

16
Jorge Luis Borges, "The Aleph," *A Personal Anthology*, pp. 138–154.

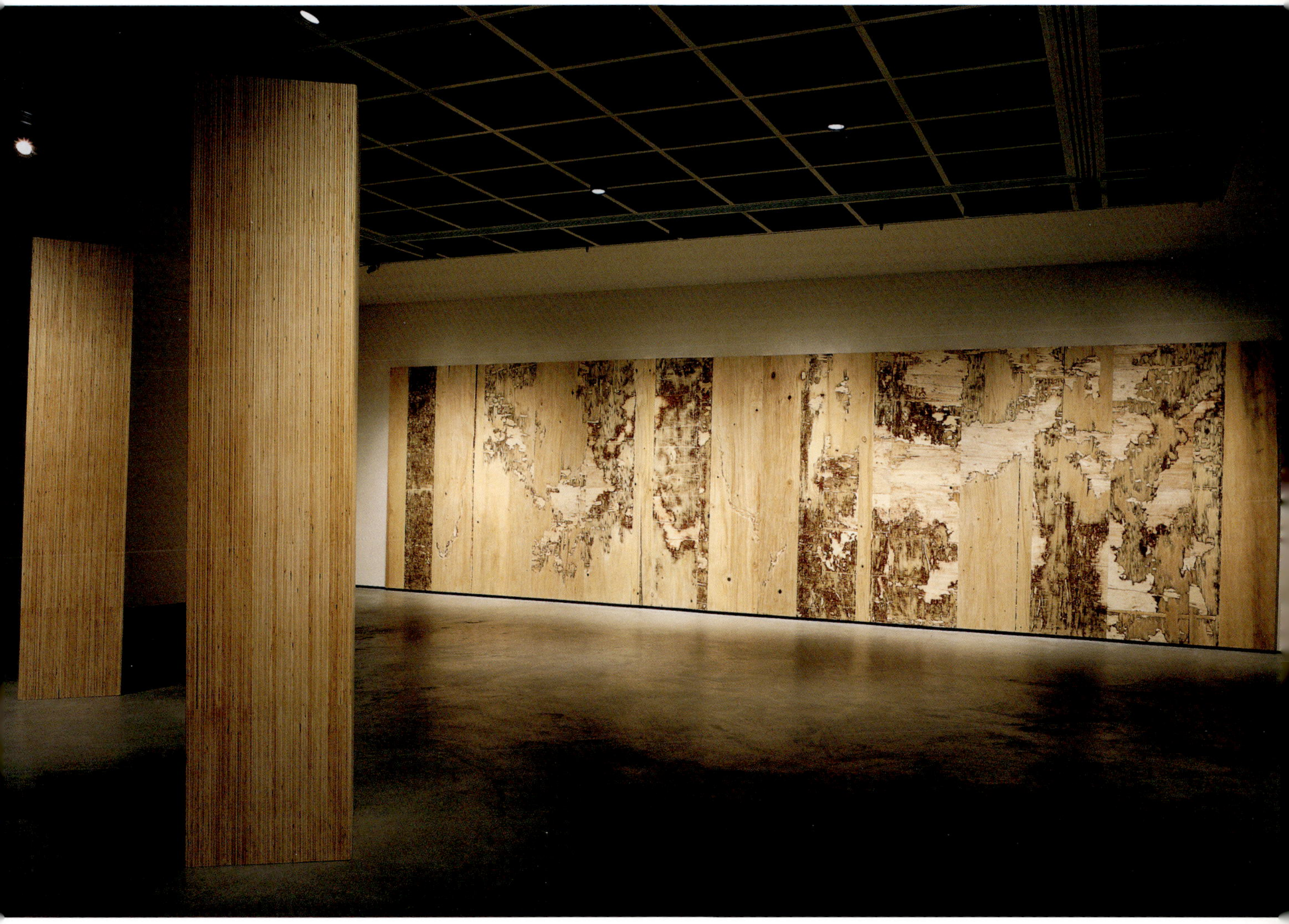

objective nor subjective; a world without the ideal architecture of space; a world made of time, or the absolute uniform time of the *Principia;* a tireless labyrinth, a chaos, a dream."[17]

The correlation between the artist's marks and Borges' world-making with words springs from the same creative drive. Didier Anzieu (1923–1999) writes that "narcissistic omnipotence runs like a thread through the stories: creating a new language (so as to be the only one speaking it), manufacturing other societies, other worlds, gathering in a single library all the books ...."[18] Narcissism need not be ploughed into the creative furrow to establish the realization that artists need to keep their egos intact to avoid falling into the abyss that waits just beyond the borders of reality.

Borges' writings spring from near chaos, collapsing history, time, and all possibilities into uncanny juxtapositions by stimulating the irrational and questioning conscious reality. By way of juxtaposition, in contemplating the detailed passages or compositions of Gagnon, one may enter a similar matrix of shifting ground. Her skill as an artist allows her to incorporate imaginative responses to the complexity and ambiguity of existence to map it in a visual form at once metaphysical and concrete.

Pleasures of the Imagination

While not critical, these works are analytical. The seemingly random configurations are ordered into a pleasing aesthetic that goes beyond surface pleasure to instigate an inquiry into the very nature of visual art. What does art do? How does this happen? Unbidden associations to real objects or scenes arise from the minutiae. Imagination takes hold of the obscure and tries to fashion signs from it. Striving to distinguish her ethical production from esoterism or sophistry, one pays close attention. The experience of wakefulness when viewing the works is what makes them Zen-like. In this information age, bytes and bits comprise cybernetics and the visual linguistic image is the medium to assimilate knowledge. Gagnon's art acts to visualize our daily experience of interfacing with machine intelligence, where the various mutations are infinite. Our minds need to map a route through information overdrive and the buzz of computer thought. "Surfing the net" requires mindless attention. This state of mindlessness is a desirable result of the Buddhist advocacy of emptying the mind. This is how Gagnon's *Mindscapes* function. The pleasure engendered is an unthinking one. The work requires contemplation and results in relaxation. Berkeley thought that the world does not exist outside of our impressions of it, and that we call the world into existence. Therefore, we live in our thoughts. Perceptively, the marks, lines, layers, ridges, and fissures of Gagnon's tracks laid down in wood are a metaphor for this existence.

17
Labyrinths, p. 221.

18
Didier Anzieu, preface to the French edition, 1989 of Julio Woscoboinik, *The Secret of Borges: A Psychoanalytic Inquiry into His Work*, cited in the English edition, Lanham, University Press of America, 1998, p. XI.

If Gagnon's art describes an intangible world, it still relates to an internal world of thoughts, volitions and emotions...and also of extensional reference, since one may imagine—when looking at a detail or scanning all the "information"—references to human history and activity. Gagnon's art, while fictive, arises out of the empirical or experienced world since she physically creates it, and in this act she not only imagines it, she intuits it.

For Borges, thinking and reasoning were significant activities, while Gagnon suggests that seeing sets in motion its own imaginative connotations of an ideal abstract world. Borges' short story, *The Library of Babel*, suggests that an existential void arises when the language of books is unknown and the feverish, fruitless quest to translate them thus has no meaning. Gagnon's art suggests the pleasure to be found in unknowing. Some commentators describe Borges' writings as esoteric, understood by only a select few, possibly because his work is not widely known. Borges revelled in being mysterious. That the word is not as clear as the image is perceptible in Gagnon's art. It acts like Borges' *Aleph*, the small window onto the universe that reveals all mysteries of time and the universe, *since they can be seen*. George R. McMurray deduced that "Borges intensifies the emotional impact and leaves the reader with a combination of heightened awareness and ecstatic expectancy evading intellectual formulation."[19]

Similarly, the exhibition *Palimpsest* suggests epistemological and ontological solutions to what literally is under the surface of things and of thought. It offers a refuge from confusion by delimiting complexity into defined fields separated by white space or a lack of noise. The dialectical interplay between intense passages and the nonbeing of emptiness balances tension and creates a vitality without passion. In the absence of linguistic signifiers, a pared down truth emerges. It is both enigmatic and completely open, strong, yet delicate, inspiring, yet sobering in tone and restrained in effect. Gagnon's technique of recording information may be compared to Borges' methodology of enclosing a story within a story. All parts are segments of a whole, and everything is connected. The pleasure of *Palimpsest* rests in the imagination.

19
George R. McMurray, *Jorge Luis Borges*. New York, Frederick Ungar Publishing Co., 1980, p. 151.

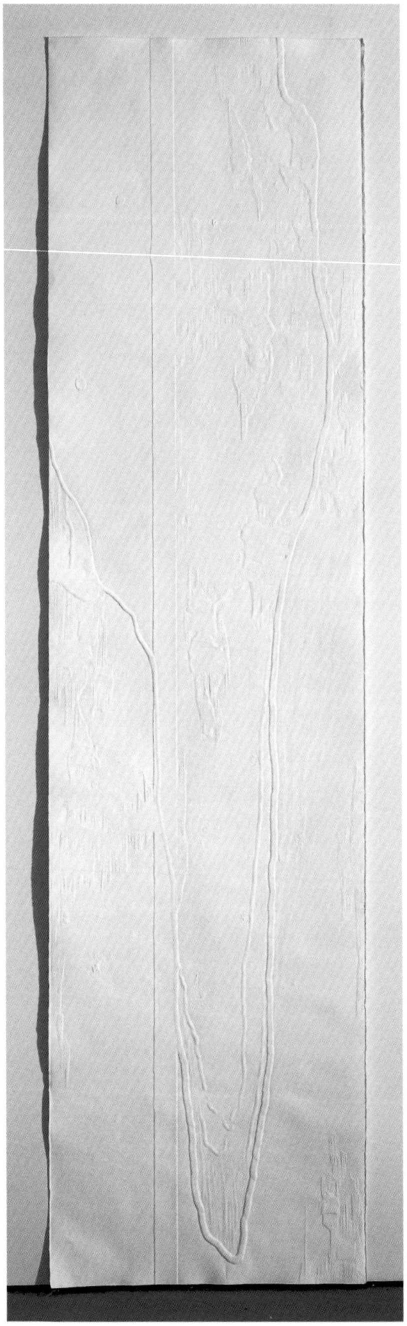

Mindscapes 1

Mindscapes II

Mindscapes III

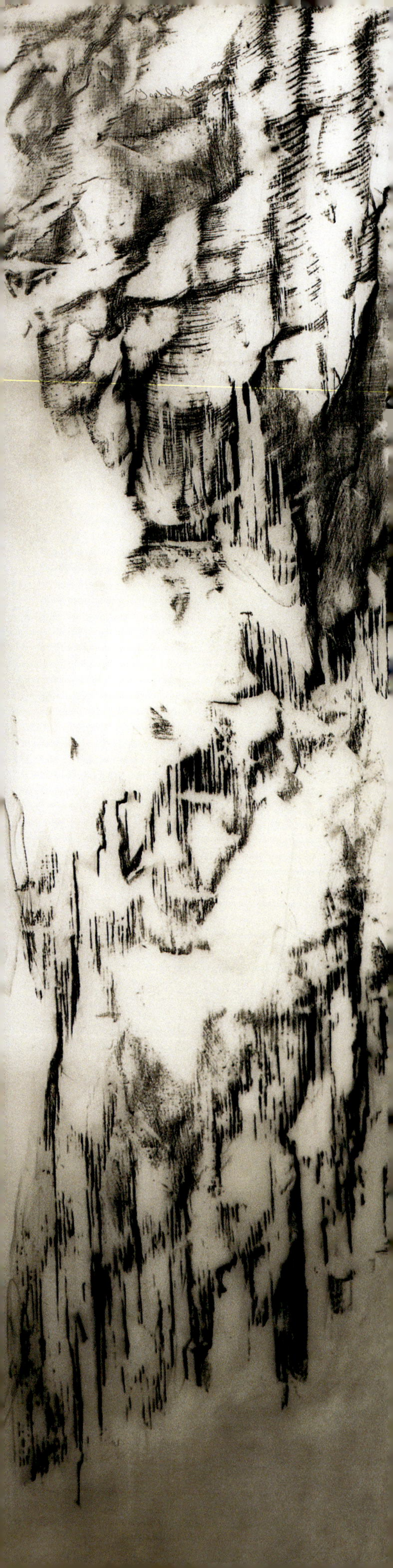

Commençons par le commencement. Quand as-tu commencé à faire de l'art ?

J'ai commencé à faire de l'art très jeune, car je souffrais d'un problème de langage. J'avais de la difficulté à parler, donc je me réfugiais dans cet espace de création où je me sentais à l'aise. Mes parents, qui viennent pourtant d'un milieu modeste, étranger à l'art, avaient compris cela, et m'encourageaient dans ce sens. Ils étaient toujours en train de m'acheter du matériel d'artiste, crayons, pinceaux, papier, car c'était vraiment le seul moyen que j'avais de communiquer. Le problème s'est ensuite résorbé, mais l'art est demeuré pour moi un mode de communication essentiel.

C'est donc tout naturellement, plus tard, que je me suis engagée dans la voie artistique. J'ai entrepris mes études à l'Université York, à North York, près de Toronto. J'étais inscrite au département des beaux-arts, mais c'était un programme très théorique, il y avait peu de cours d'atelier, de peinture, de dessin, de sculpture. Après deux ans de ce régime, j'ai éprouvé le besoin de me retrouver dans un milieu plus actif, et je me suis donc inscrite au programme de l'Ontario College of Art and Design à Toronto. Et là, un monde nouveau s'est ouvert à moi. Tous les professeurs étaient des artistes professionnels qui exposaient dans les galeries, dans les musées, ce que je n'avais jamais connu. Paul Sloggett m'a beaucoup encouragée par ses conseils. John Scott aussi, qui nous répétait qu'il nous fallait trouver notre propre stratégie pour réussir dans le monde de l'art. Donc c'est là que j'ai compris que je pouvais faire de l'art une carrière. Et moi-même, dès ma deuxième année, je commençais à exposer mon travail en galerie.

Que faisais-tu comme travail à l'époque ?

De la peinture. Dans la veine de l'expressionnisme abstrait. J'étais vraiment dans la matière de la peinture, dans le geste, dans le pigment, c'était à la fois très physique et tout à fait abstrait. Je regardais les artistes qu'on aime toujours au commencement, Helen Frankenthaler, Frank Stella, Richard Diebenkorn. Les grands classiques de l'abstraction gestuelle, jusqu'à Jonathan Lasker. Rothko et Riopelle aussi m'ont inspirée jadis et je les apprécie encore beaucoup aujourd'hui.

J'ai donc commencé en peinture. Et je suis passée au contreplaqué à la faveur d'un exercice académique. Dans un de ses cours, Paul Sloggett nous a demandé de peindre sur un support autre que la toile. J'avais trouvé un morceau de contreplaqué et j'ai donc produit une peinture abstraite sur contreplaqué. C'était en 1996.

Coïncidence, en 1996, au même moment où tu commences à utiliser le contreplaqué, le Musée des beaux-arts de l'Ontario, juste au coin de la rue, présente la grande exposition Paterson Ewen. Quel effet cela a-t-il eu sur toi ?

Encore une fois, c'est un monde nouveau qui s'est ouvert à moi. Je n'avais pas encore vu son travail. Mes professeurs me disaient, va voir cet artiste, il travaille avec le contreplaqué lui aussi. Je me souviens, au vernissage – c'est encore très présent à ma mémoire – Paterson Ewen était à un mètre de moi, et je voulais lui dire à quel point j'étais captivée par ses grandes œuvres monumentales, à quel point son art m'avait touché profondément. J'étais tellement impressionnée que je ne l'ai pas approché, mais je suis retournée voir l'exposition cinq ou six fois au moins.

Au commencement, j'étais influencée par son travail, évidemment. Je me suis mise à graver le bois et, sur cette surface gravée, je peignais à l'acrylique. Et j'ai fait cela pendant quelque temps. Jusqu'à ce que je prenne conscience qu'il y avait tellement de couleurs naturelles dans le bois, que c'était une contradiction d'y rajouter de la peinture. J'étais plus intéressée à travailler avec le langage propre du contreplaqué, qu'à poser mon image sur le bois, comme le faisait Ewen.

Ce faisant, tu n'es plus peintre, tu deviens sculpteur de bas-reliefs. Est-ce un renoncement à la peinture ?

Je ne vois pas ça comme un renoncement mais plutôt comme une transformation. À cette époque, je considérais cela comme de la peinture. Je me rappelle qu'à la fin de mes études, j'avais gagné les honneurs de ma promotion en peinture, le « Painting Medal Award », et cela n'avait pas fait l'unanimité parmi mes collègues de classe, parce que je n'utilisais pas de peinture, justement. Et je me rappelle leur répondre : « Quand une peinture cesse-t-elle d'être une peinture ? Cela peut encore être une peinture même sans peinture. » Je jouais avec une image, avec la composition, avec les valeurs de ton, la gestualité, toutes choses picturales. En fait, même si je n'utilisais plus la peinture, je pensais en peintre.

Quand as-tu cessé de penser en peintre ?

Tard. Après mes études de maîtrise à l'Université Concordia, à Montréal, où j'étais encore inscrite dans le programme de peinture, d'ailleurs. En 1999, j'ai fait un long voyage en France et en Espagne. Et ce fut une révélation, une autre ! Tout ce que j'avais appris dans les livres, notamment dans mes cours d'histoire de l'art à York, sans que cela me touche, je le découvrais dans ce voyage. Je redécouvrais l'histoire de l'art ! Et tout particulièrement les cathédrales gothiques qui eurent un effet déterminant sur ma façon de voir l'art. À partir de ce moment, l'architecture est devenue le paradigme dominant de ma pratique.

Dans *Palimpseste*, tu penses en architecte, en peintre, en sculpteur, en graveur.

C'est vrai, dans *Palimpseste*, j'ai voulu que toutes ces disciplines soient présentes simultanément et se nourrissent les unes les autres. Ce sont toutes des choses qu'on retrouve dans les cathédrales, les vitraux, les bas-reliefs, les colonnes. Ces aspects étaient déjà esquissés dans mon travail antérieur. Dans *Cross-ply*, présenté à La Centrale, j'avais construit, autour d'une colonne de la galerie, une pièce en forme de maison. À l'extérieur, le contreplaqué était intact. À l'intérieur, toutes les surfaces étaient érodées. Je voyais cette installation à la fois comme une mise en abîme et un noyau de toutes les architectures réelles, celle de l'édifice, puis celle du pâté de maisons, puis celle de la ville, et ainsi de suite, à l'infini. À la suite de ce projet, je me suis intéressée au travail des architectes suisses, Herzog & de Meuron, leur approche très réflexive, leur exploration du matériau, l'importance qu'ils accordent aux maquettes et aux archives, particulièrement le dialogue qu'ils entretiennent avec l'art contemporain.

Je me rappelle d'un propos de Francis Bacon, qui disait à peu près ceci : « Il faut lire de la poésie, il faut écouter de la musique, il faut voir de l'art, non pas pour connaître, mais pour ressentir. » Et pour moi ces voyages, ces architectures visitées, furent l'occasion de ressentir ces émotions qui servaient comme point de départ pour concevoir mes projets, comme un élément de méditation qui m'aidait à formuler des idées pour mes projets.

C'est toute la différence entre l'œuvre comme spectacle et l'œuvre comme expérience.

C'est ce que je voulais faire dans *Palimpseste*, créer le lieu d'une expérience unique, d'un voyage à travers l'espace. Tout l'espace de la galerie est intégré dans l'œuvre, à travers les colonnes, les murales, les perspectives d'une pièce à l'autre. Je ne veux pas que l'émotion éprouvée par les visiteurs s'évapore dès la sortie, je veux qu'ils connaissent une expérience méditative. Et qu'en sortant, ils ne voient plus le monde tout à fait de la même manière. Je pense que l'art a ce pouvoir de transcender son temps et de nous faire voir le monde autrement. J'ai été très nourrie dans cette réflexion par l'œuvre de Bill Viola, dont j'ai vu une rétrospective lors d'un voyage à New York, une œuvre qui explore les thèmes fondamentaux, la vie, la mort, l'au-delà.

Es-tu également comme lui sensible aux philosophies orientales ?

La peinture chinoise m'intéresse depuis plusieurs années. C'est un monde souvent sans couleurs. Les perspectives sont multiples, aériennes, frontales... Ce qui me touche particulièrement dans cette peinture, c'est le silence, le vide, cet espace où le pinceau n'a pas touché la surface et qui pourtant est riche d'information. C'est ce que je recherche dans mon propre travail, l'équilibre entre le vide et le signe, entre l'espace et la présence humaine, entre le naturel et l'artificiel. À ce sujet, j'ai toujours été fascinée par ces « Chinese Scholar Stones », des pierres à la fois étranges et belles, dont on ignore si elles sont le produit d'une érosion naturelle ou le fait de la main de l'homme.

Que trouves-tu de si fascinant dans le contreplaqué ?

Le contreplaqué est un matériau de construction, le matériau de construction nord-américain par excellence. C'est un matériau exclusivement fonctionnel et toujours caché qu'on ne voit jamais. Et moi, je le prends et je fais l'inverse, je l'utilise, je le montre pour ce qu'il est. En fait, je renverse le processus de construction. J'arrache les couches de placage, je mets à jour les formes organiques, je cherche à en révéler et à en exploiter les qualités propres. C'est un matériau très riche sur le plan esthétique, dans lequel j'ai découvert tout un éventail de possibilités artistiques.

Agis-tu par conviction écologique ?

Oui, j'aime le contreplaqué pour cette raison. Pendant mes études à Concordia, j'étais très intéressée par le travail des artistes de l'arte povera, à cause de leur utilisation de matériaux pauvres, mais aussi pour toute cette dialectique nature-culture qui est au cœur de leur réflexion. Dans ce sens-là, c'est un matériau qui provient au départ de la nature, c'est du bois, mais c'est un matériau transformé par l'homme à des fins industrielles. En soi c'est un signe de la relation complexe que nous entretenons avec la nature, car c'est un pont entre la destruction et la création, la destruction de l'environnement naturel et la construction de l'habitat humain. Ce lien avec la nature est au cœur de mon travail. Mais je tiens à préciser que je ne fais pas de l'art écologiste, je ne prêche rien, même si, dans l'atelier, j'agis de façon écologique, je récupère tous les restes de mon travail, le bran de scie, les copeaux, la poussière de bois...

Quel est ton sentiment devant une plage intacte de contreplaqué ? As-tu une composition à l'esprit ?

C'est tout le contraire. J'utilise une toupie électrique, des ciseaux à bois, une sableuse, mais les deux outils premiers, c'est l'observation et c'est l'écoute. Avant de commencer, je regarde et je regarde le panneau, jusqu'à ce que je voie une image. Je n'impose pas ma propre image. Je la dégage de la surface du bois. Les nœuds, le grain, les marques et les défauts de fabrication du contreplaqué composent une forme de carte géographique, avec différentes routes. C'est à moi de choisir dans quelle direction je vais. Cela peut sembler bizarre, mais je sens que j'ai une relation avec le contreplaqué. Il faut que je sois attentive à ce qu'il me dit. Avant que je commence à graver, je regarde.

C'est un dialogue avec la matière.

Oui. J'écoute ce que la matière me dit, mais aussi j'y réponds avec mon propre langage.

Ce n'est pas une position dogmatique ou autoritaire comme celle des peintres expressionnistes abstraits que tu suivais au début. Est-ce une position féministe ?

Non, je ne pense pas comme ça, je n'ai pas de motif politique. Cela vient d'un respect pour le matériau. Il doit y avoir une harmonie entre le matériau, l'outil et l'artiste. Si je dois trouver un parallèle, c'est celui de la création des totems dans les cultures aborigènes. Quand les sculpteurs amérindiens créent ces totems, ils sont habités d'un respect absolu pour le bois, qui est un élément vivant. Il faut qu'il y ait un respect. Une écoute. Une réceptivité. Une disponibilité de l'esprit.

Cela me paraît très important, surtout à une époque comme la nôtre. L'environnement souffre d'un manque de respect terrifiant. On fait un effort pour changer le monde, certes, mais j'ai le sentiment qu'on n'écoute pas la nature véritablement.

Dans ce sens-là, l'atelier est le lieu d'une relation avec le monde qui est aussi bien éthique qu'esthétique.

Oui. L'atelier n'est pas un lieu hors-monde. Tout s'y projette. L'art et la vie sont intimement reliés. Tout s'interpénètre. Ce que je vis dans l'atelier, je le vis de manière globale dans ma relation avec l'environnement.

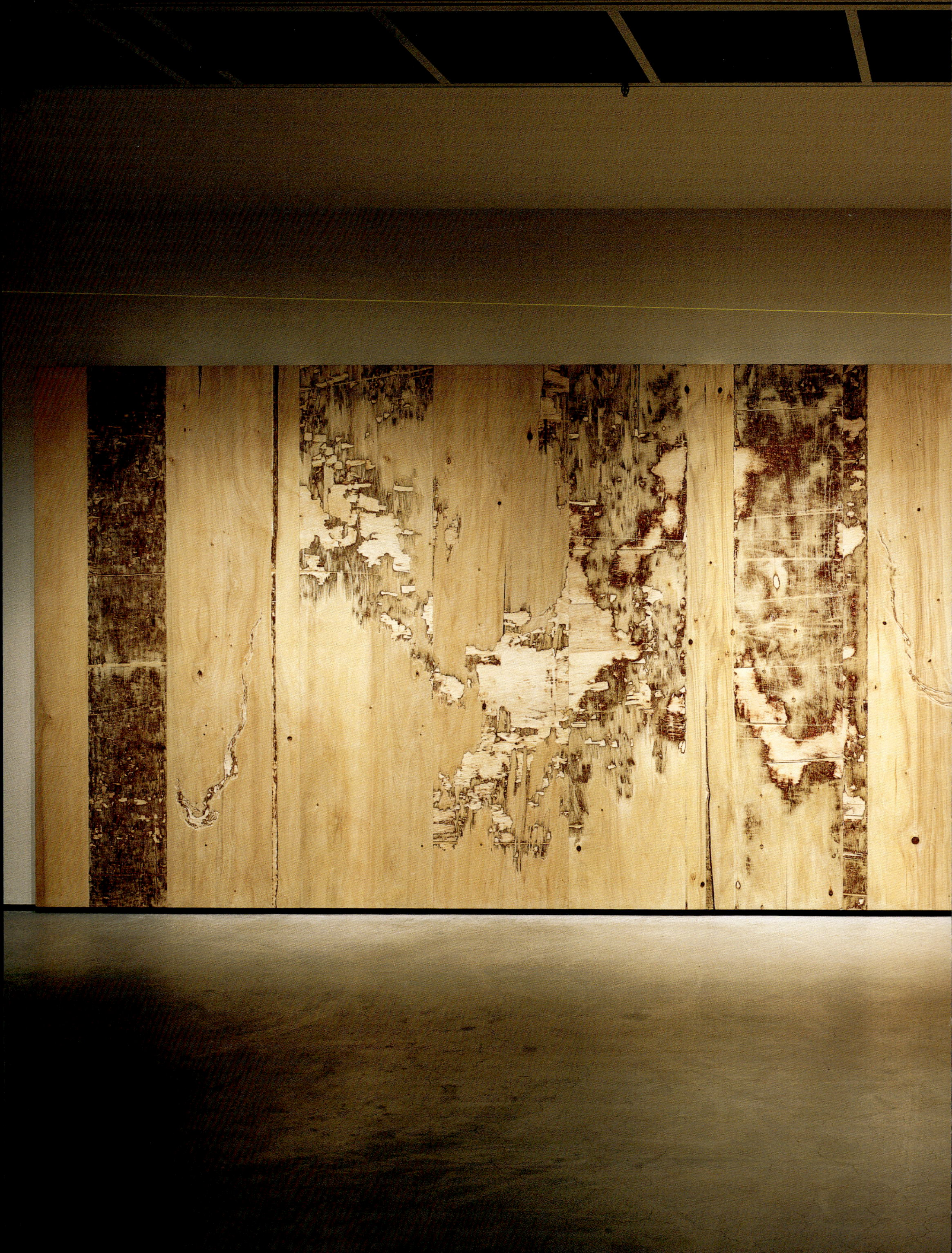

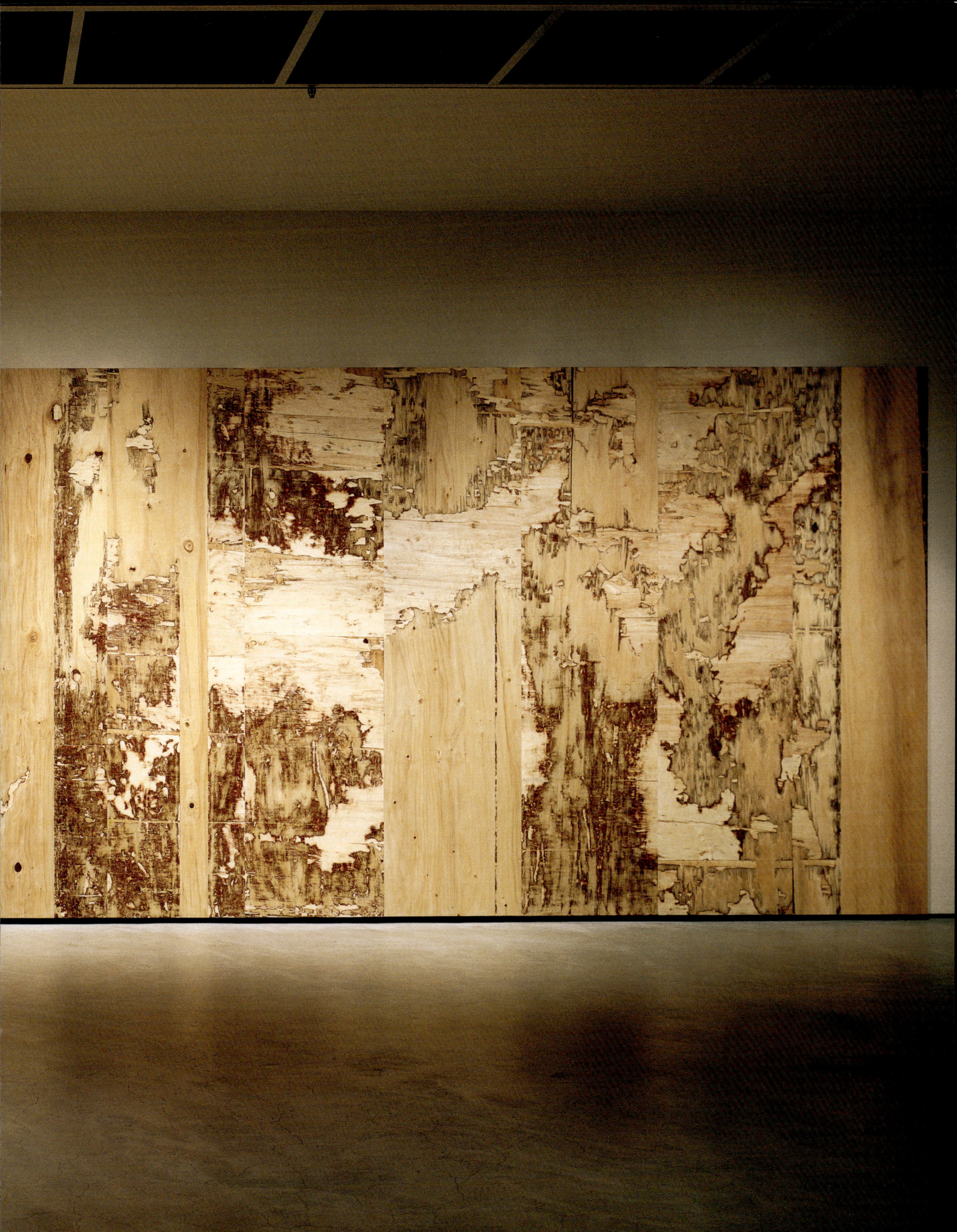

CARNET (extraits)

Bernard Chassé

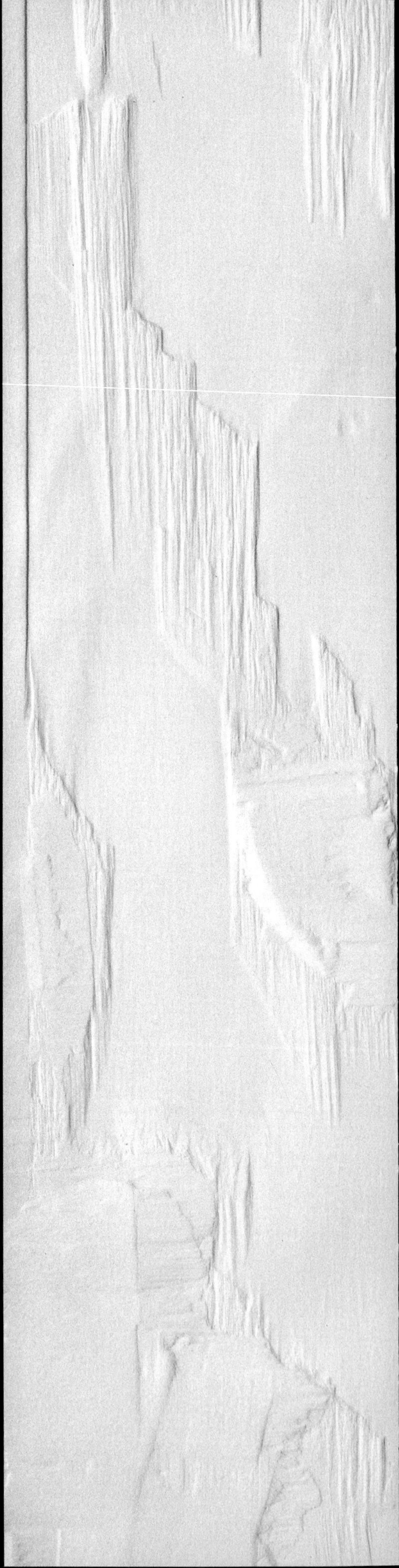

Vert. Dense. Contraste des ombres. Le vent perce les feuilles des arbres. La lourdeur de l'été. Le feu. L'odeur âcre que l'on peut sentir à des kilomètres à la ronde. La forêt fragile, qui survit malgré tout, à tout. Même à la bêtise humaine. Lui rendre hommage, créer des paysages familiers qui n'ont pourtant rien à voir avec la réalité. Le travail de l'artiste. L'appropriation de la matière. Le bois, sa résistance, la sagesse que l'on peut en tirer.

Octobre 2003

À l'autre bout du fil, Yechel vient tout juste de m'apprendre qu'elle exposera au McMaster Museum of Art. J'entends sa joie, je devine sa fierté également, et le vertige qu'entraîne la réalisation d'un projet à venir.

Avril 2004

Yechel et Alexandre sont venus à la maison ce soir. Le bonheur que Denis et moi avons de les recevoir. À la fin du repas, Yechel demande un moment pour nous parler de son projet. Elle nous présente une maquette reproduisant à l'échelle les salles d'exposition du musée, et nous explique ce qu'elle souhaite réaliser. Les premiers gestes, les premières idées, fragiles, essentielles. On sent la nervosité – très certainement un bon signe en de telles circonstances, signe qu'il se joue quelque chose d'important.

Yechel Gagnon n'a pas cherché à imposer une œuvre à un espace donné, encore moins à remplir un lieu, comme s'il s'agissait de répondre à des critères qu'on aurait fixés à l'avance. Elle tente plutôt de faire vivre l'espace dans lequel son œuvre prendra place, non pas comme un objet que l'on peut déballer puis remballer à la fin d'une exposition. Elle s'est imaginé – et nous a demandé d'imaginer avec elle – l'entrée du musée, les premiers pas que l'on fait, sentir les réactions possibles et impossibles des visiteurs – leur étonnement, leur curiosité, leur envie de comprendre.

C'est à partir de là qu'ont pris forme les premières explorations, semblables à celles de l'écrivain qui gribouille sur un bout de papier, dans un carnet, bloc-notes, agenda, les mots du poème ou du roman qu'il n'a pas encore écrit. Yechel Gagnon jette ainsi, devant nous, les indices ou les repères qui lui serviront de points d'appui.

Les artistes travaillent par impressions successives, jamais par idées préconçues. Jusqu'à la toute fin, leur œuvre paraît encore et toujours en devenir, comme la matière elle-même, organique, vivante, parce qu'elle change inévitablement. Comme la pensée change aussi, se met en place après un lent et long effort, progressivement, inévitablement. Le destin échappe toujours.

On dit que le menuisier devient le bois qu'il travaille. Un même corps. Le geste de la main, la force nécessaire pour briser, rompre la surface. La retenue et la pudeur sont aussi essentielles, face à tant de fragilité.

Yechel Gagnon est une artiste du toucher, davantage, me semble-t-il, qu'une artiste du regard, c'est-à-dire qui donne à voir. Je suis persuadé qu'elle-même dirait le contraire, m'expliquerait pourquoi... Son œuvre n'a rien de comparable à celle d'un Paterson Ewen par exemple, qui explorait les géométries variables, la représentation d'espaces. Ou celle d'un René Derouin qui inscrit volontairement sa démarche artistique dans les perspectives d'une cartographie imaginaire du territoire. Voir et faire voir.

Lorsque je regarde l'ensemble du travail de Yechel, je perçois bien sûr les jeux possibles entre la verticalité de chacun des panneaux qu'elle a travaillé, les correspondances linéaires, les surfaces, les effets de couleurs qui créent des liens entre elles, le rythme continu et les brisures. Je vois clairement les jeux de complémentarité, de contraste, de profondeur. Je comprends la démarche de l'artiste, cette démarche qui consiste à créer des effets de transition, parfois délicats et quasi transparents, parfois marquées nettement dans la chair du bois. Pour moi, cette lecture demeure cependant une invitation à percevoir autre chose dans son œuvre, et autrement.

Parce que l'essentiel se joue ailleurs à mes yeux, c'est-à-dire non pas dans la représentation graphique, mais dans le processus même qui l'a précédée et rendue possible. L'avant, l'encore possible. J'imagine Yechel qui caresse doucement le grain du bois, les nœuds, les cicatrices, je l'imagine suivre le parcours des nervures, les descentes et les remontées, explorer des mains comme pour connaître les moindres secrets du bois. J'imagine ses doigts qui glissent, caressent, s'arrêtent par endroit, découvre, circule à nouveau. Toucher pour apprivoiser les moindres détails. Puis voir, mais seulement après...

Regarder. Chaque planche de contre-plaqué diffère suivant le type de bois (mou ou dur) et l'application de la colle dont on se sera servi – les gris forêts, les verts végétaux, les bruns de terre, les ambres presque noires. Par endroits, on remarque la signature de l'entreprise forestière, symbole d'appropriation de l'homme sur la nature.

J'imagine Yechel serrer un arbre dans ses bras. Saisir le monde, le toucher, d'abord fermer les yeux.

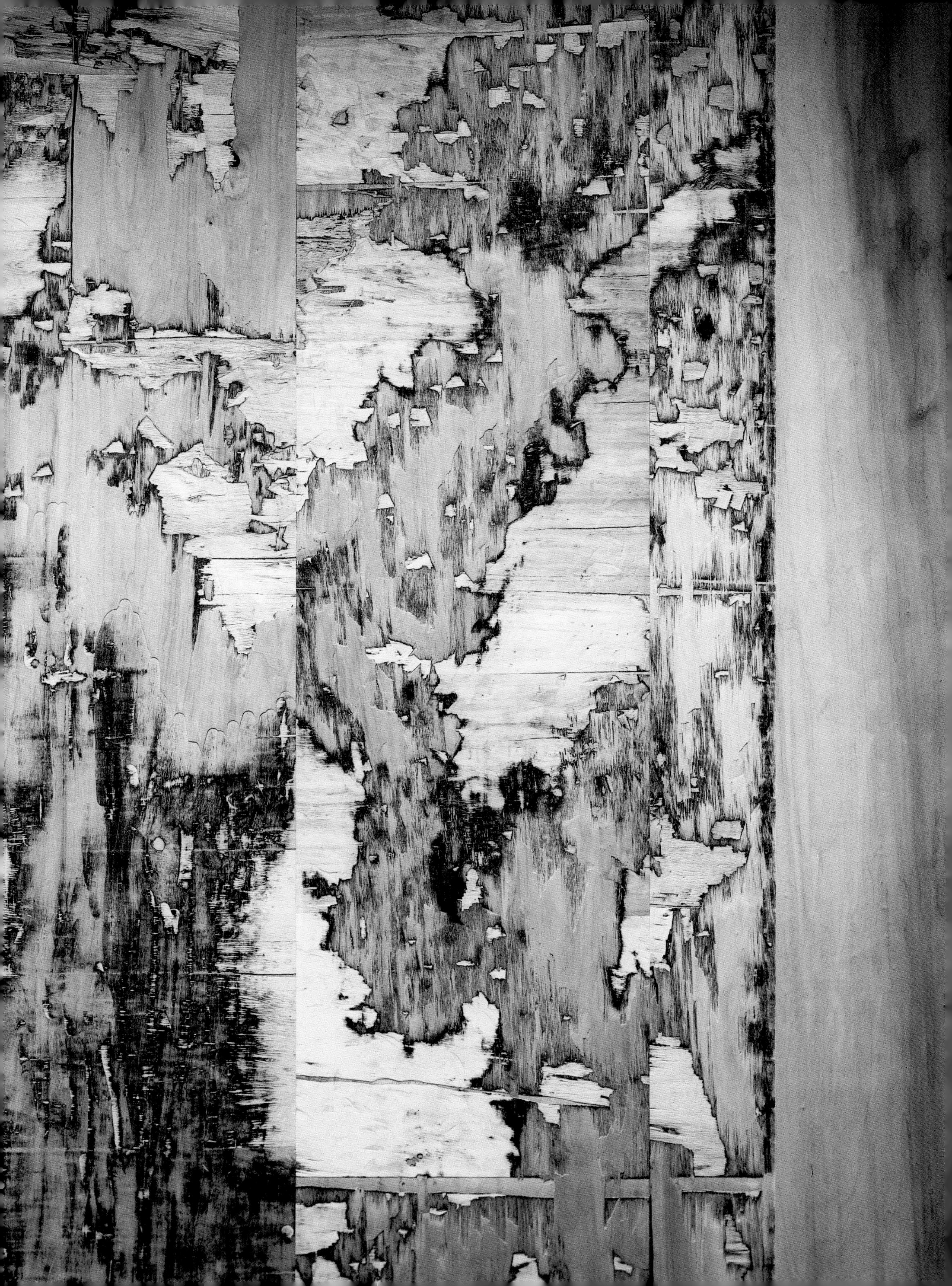

Mai

Je referme derrière moi la porte de l'atelier de Yechel. Deux vieilles dames sont assises de l'autre côté de la rue. Elles me regardent sortir de l'immeuble où je me trouve, comme une distraction inattendue. Nous sommes en mai. Le printemps respire à peine dans le quartier ouvrier de Saint-Henri, à Montréal. Je marche, le pas lent. J'ai l'esprit qui fait des vagues, les idées qui se bousculent, prennent mille directions. Depuis des semaines déjà, j'ai vu travailler Yechel à la réalisation de sa dernière œuvre. Une chance. Un mystère.

Je ne suis pas historien de l'art, ni critique ou conservateur de musée. Mon point de vue est autre. Oblique, si j'ose dire. C'est celui d'un amateur, c'est-à-dire de celui qui sait sans savoir, qui aime, se passionne et tente de comprendre à partir de ses propres références. Ma lecture du travail de Yechel repose sur des intuitions, des regards croisés, ceux que je porte sur d'autres œuvres que j'aime ou qui m'interpellent pour diverses raisons. Je ne résiste pas au plaisir vagabond. Pourquoi le ferai-je ?

Yechel est une femme discrète, effacée, qui bouillonne de passions et de sensibilité. Fragilité. Je le dis, parce que je sais que peu de gens ont accès à son atelier, qu'elle protège comme une sorte d'univers clos, isolé du reste du monde, des rumeurs extérieures trop bruyantes et bien souvent inutiles. Ce n'est pas que l'artiste se terre ou qu'elle vit retirer du monde. Non, il s'agit d'autre chose, d'un besoin véritable, de l'expression d'un mode d'être, de la nécessité de la solitude et de l'isolement pour être davantage disponible à soi. Puissance.

Mes rencontres avec Yechel ont toujours été simples, sans cérémonie aucune. Avant tout, il importe de comprendre, de partager nos points de vue et nos impressions. C'est bien peu, et beaucoup à la fois. Peut-être l'essentiel. Le processus de la création n'a rien de linéaire et de rassurant.

Surtout, prendre le temps. Exercer le meilleur choix, car il n'y a pas de seconde chance, sinon celui de détruire et recommencer à la case départ.

Ne pas s'imposer ou ne pas aller à l'encontre de ce que la surface du bois offre à l'artiste. Ou plutôt jouer de la tension qui existe entre ce que l'on souhaite réaliser – le rêve, l'utopie, le désir – et ce que les limites mêmes du matériau permettent d'accomplir. Le contre-plaqué est autrement plus fragile qu'on l'imagine. Il casse, se tord. Il faut savoir en prendre soin, savoir l'approcher.

Quelques coups de ciseau et les premières lignes surgissent, mouvements plus ou moins précis. Yechel reprend sans cesse les croquis qu'elle aura produits au tout début de son projet, pour mémoire seulement. Comme pour mieux oublier l'origine du projet. Après avoir travaillé, elle s'arrête, prend les distances nécessaires.

Elle travaille directement sur la surface du bois. Pas un trait de crayon, pas de repères, pas de lignes directrices, comme le font parfois certains peintres avant d'attaquer leur toile.

L'œuvre s'est construite par étapes, un panneau de bois après l'autre, le regard posé de la droite vers la gauche. Le travail réalisé sur le premier panneau guide l'artiste vers le second, et ainsi de suite, du second au troisième...

Le choix des outils est important. À porter de main, sur une table, Yechel a disposé des couteaux, ciseaux, gouges de dimensions différentes, râpes, disques à sculpter, marteaux, etc. Tous rendront compte d'un rapport précis à l'œuvre : ici les aspects délicats, presque invisibles de tels sillons, là la profondeur de telles lignes. Prolongement des mains.

Fin mai

L'œuvre sur papier de Yechel est au mur. Sans titre, pas encore. Un format immense, auquel l'artiste ne s'est jamais attaqué auparavant.

Paysage généreux. Ni noir, ni blanc. De longs moments de silence de ma part. Et Denis, et Alexandre. Tout est si différent du reste... et pourtant si complémentaire.

J'éprouve une sorte de vertige, jusqu'à ce que ma mémoire se mette en marche. Impressions de souvenirs. Lieux déjà fréquentés. Largesse des monts, profondeur des vallées. Je pense aux montagnes, aux forets de l'Ouest canadien, aux rivières et aux lacs, aux neiges éternelles, à la lumière blanche qui aveugle.

Mon œil survole, circule, escalade, plonge et remonte. Il découvre des chemins, gravit des passages, se perd un moment, retrouve sa route. Bien sûr, je pense aux œuvres des artistes chinois. Le trait laissé à la surface d'un papier blanc (ou papier film, comme l'a fait ici Yechel), le paysage d'une Chine inventée.

Toute la difficulté ici de suggérer le paysage, surtout ne pas le décrire. Il n'y a pas de narration possible.

16 Juillet

J'ai rendez-vous avec Yechel à l'Atelier Circulaire.

11h. Rue de Gaspé. L'espace est ouvert, soigneusement entretenu. Les gens y travaillent dans le silence, un esprit de recueillement. Yechel a réservé une presse pour réaliser la prochaine, et dernière étape, de son exposition.

Cette fois la technique est tout à fait différente : il ne s'agit pas de frotter la surface du papier avec du fusain, mais d'embossement. Le contreplaqué sert de support original.

Le choix du papier est essentiel, il faut peser sa lourdeur, connaître la résistance de ses fibres, porter une attention toute particulière à sa couleur. Parce que, sous les lumières, le blanc aveugle et rend quasi impossible notre lecture de l'œuvre.

Tout doit être parfaitement orchestré : le papier que l'on aura soigneusement imbibé d'eau puis aligné sur la surface du bois gravé, la presse que l'on activera manuellement, lentement, avec une force constante, de manière à assurer une impression uniforme.

Transfert de l'image. Traces inversées. Palimpsestes, signes sans cesse réinventés, que donne à lire l'artiste. La maîtrise et le hasard de la gravure.

Il y a l'œuvre que Yechel a créée. Une seule, malgré la diversité des supports, des formats, des moyens techniques. La cohésion étonnante d'une démarche.

D'autre part, il y a l'œuvre qui échappe entièrement à celle qui la signe, et qu'elle ne connaîtra qu'à travers le regard des autres. Vivre un effet d'étrangeté, aussi impossible que nécessaire au détachement, à la création.

Je t'embrasse Yechel, avec toute ma tendresse.

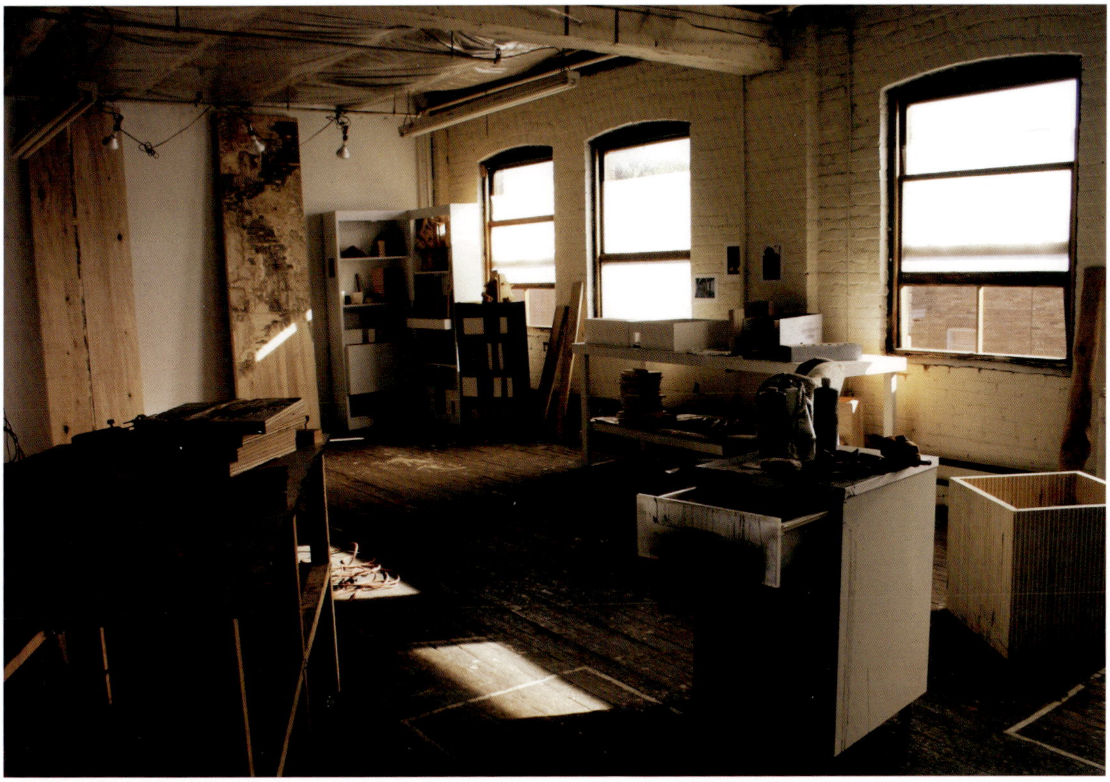

Artist's Studio   Atelier de l'artiste

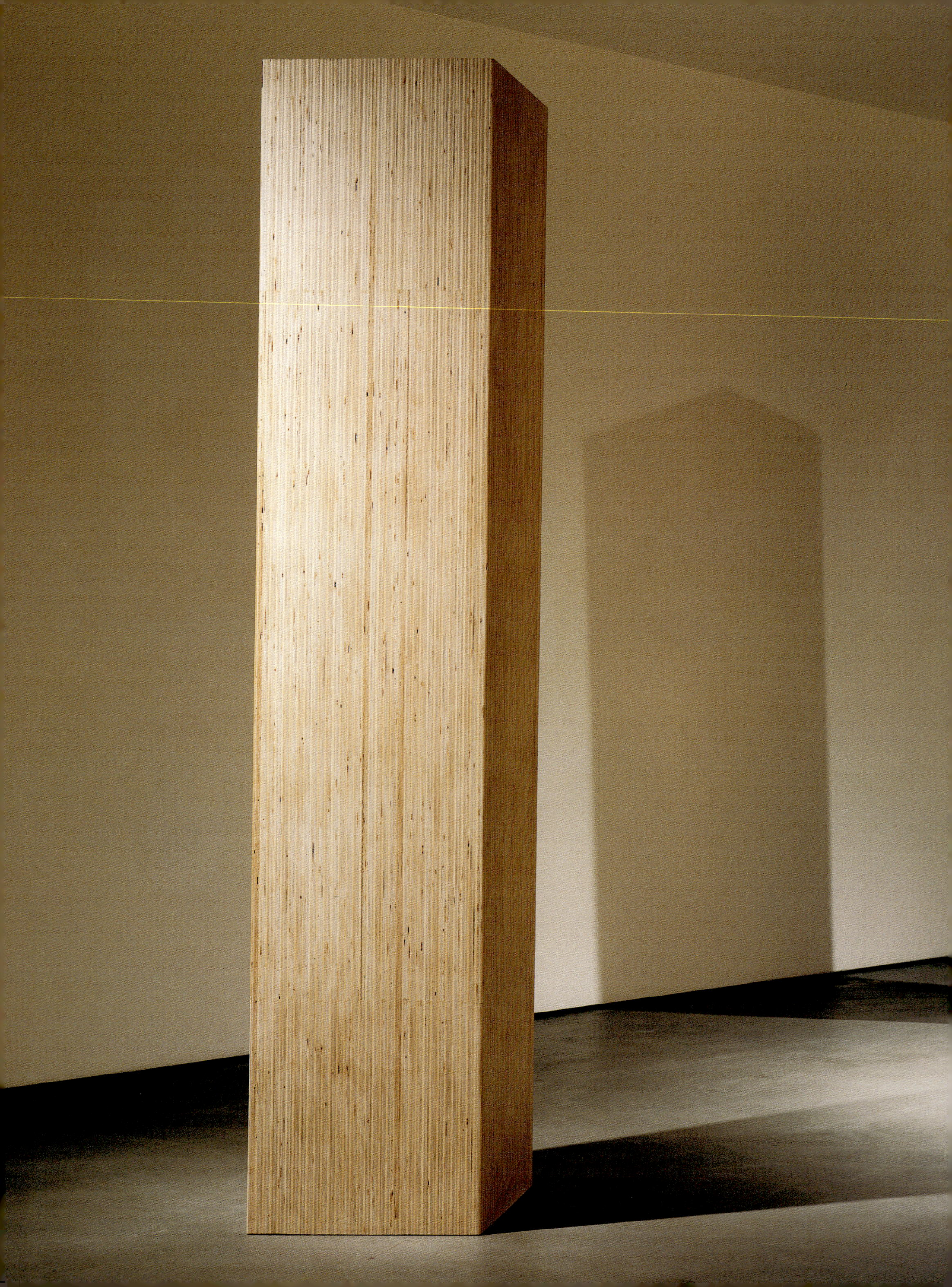

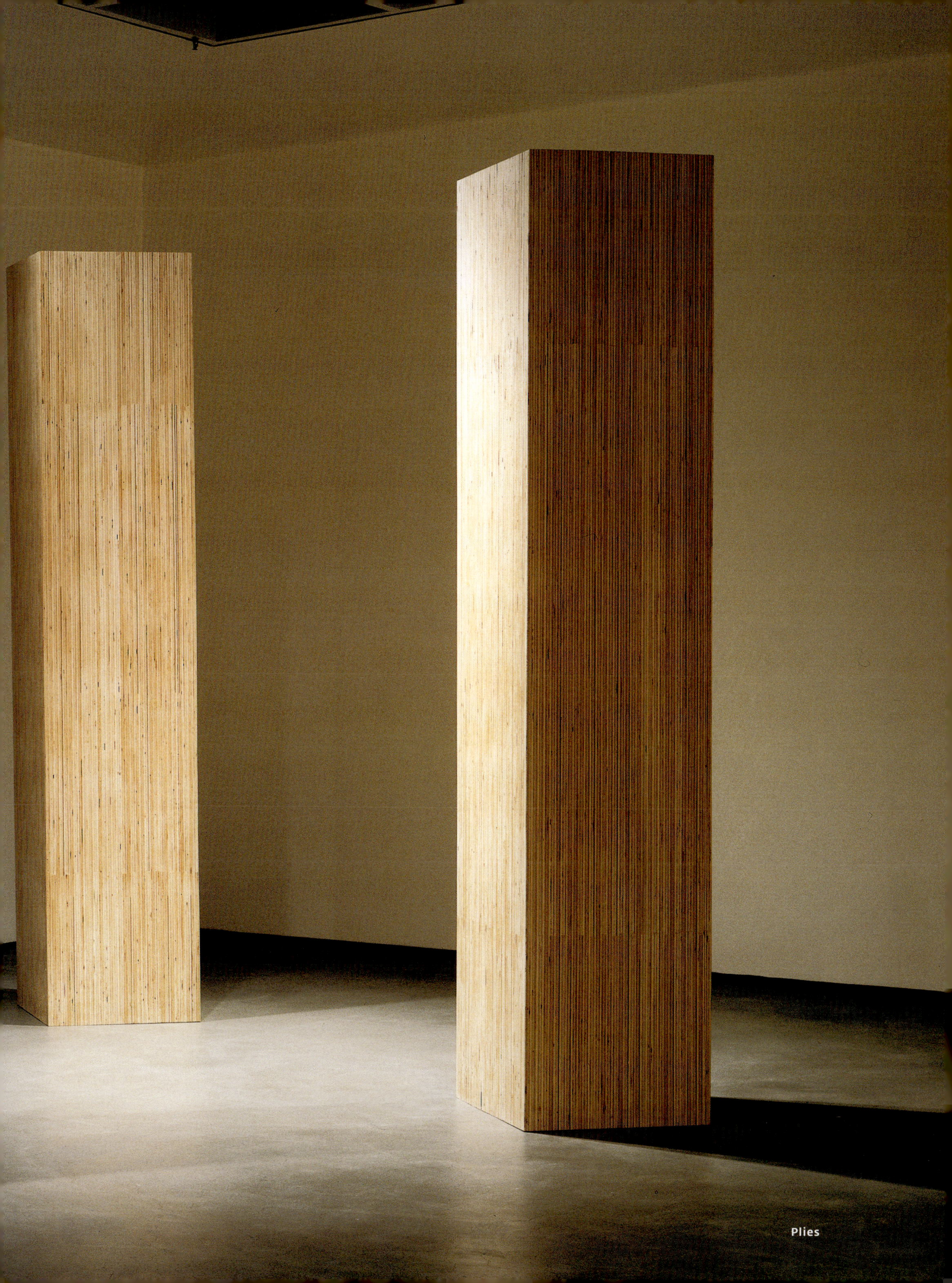

Plies

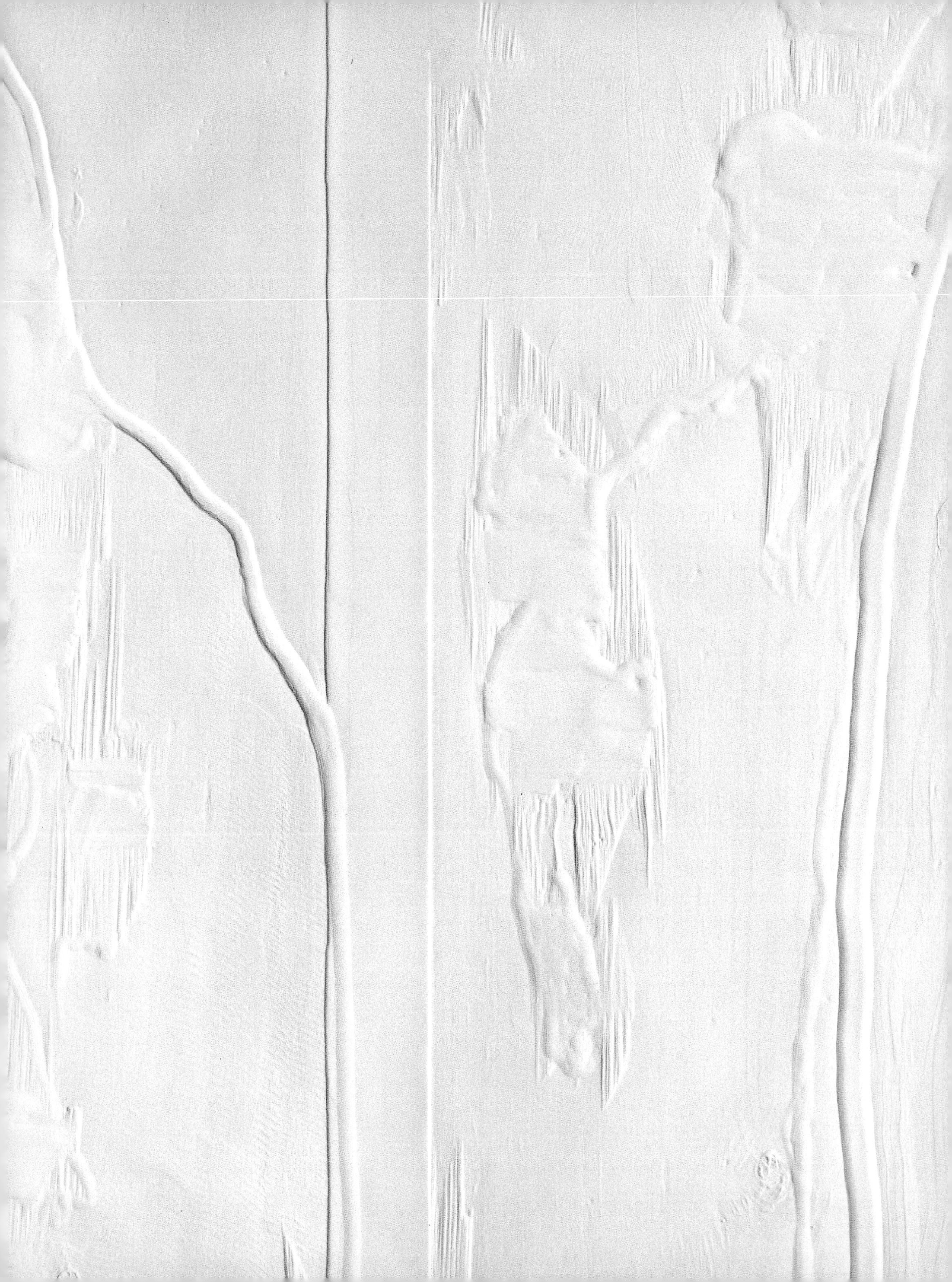

PALIMPSESTE DE YECHEL GAGNON

Alexandria Pierce
McMaster Museum of Art

L'art de Yechel Gagnon suscite la même fine nostalgie qu'inspirent les écrits ésotériques de l'auteur argentin Jorge Luis Borges, qui portent, entre autres, sur les labyrinthes et les jardins chinois. En art visuel, le mot « palimpseste » renvoie à la stratification, tandis qu'en littérature, il décrit « un texte infini, un palimpseste de multiples couches de discours[1]. » Tant Gagnon que Borges manifestent le concept de stratification par des créations richement évocatrices de mythes, de tragédies et de visions d'autres mondes. Leurs œuvres énigmatiques sont fragmentées, et le rêve, le temps et les brumes s'y superposent. Surcroît de complexité, la murale de Gagnon intitulée *Palimpseste* 2004, titre éponyme de son installation, rappelle la peinture de paysage de la Chine médiévale par l'effet visuel des marques produites par évidage, ciselage et entaillage de la surface stratifiée du contreplaqué. L'art de Gagnon évoque aussi le concept de *simulacre* de Jean Baudrillard quand elle clone par « citation » la surface de ses reliefs pour réaliser dessins et moulages. Sociologue français, Baudrillard (1929–) théorise sur une société contemporaine de simulations et de clonage[2], et cite à maintes reprises la fable de Borges « où les cartographes de l'Empire dressent une carte si détaillée qu'elle finit par recouvrir très exactement le territoire », et, en définitive, remplace le territoire réel et devient une abstraction[3]. On soutiendra donc que les écrits de Borges sont un faire-valoir éclairant des simulations chimériques de Yechel Gagnon. Borges a puisé dans bien des sources sa fiction et ses essais. De même, Gagnon crée dans notre esprit de multiples fictions en communiquant grâce aux images qui remontent à la surface du bois. Les images produites semblent simuler la peinture de paysage chinoise. L'art de Gagnon s'insère aussi dans cet autre contexte : « Notre époque est celle de la standardisation des cultures, du "zapping" entre civilisations... Or même le sens se perd dès que cesse d'être patiemment pris en compte son cheminement historique et singulier[4]. »

1
Didier T. Jaén, *Borges' Esoteric Library, Metaphysics to Metafiction*, Lanham, University Press of America, 1992, p. 3.

2
Jean Baudrillard, *The V ital Illusion*, Julia Witwer, éd., New York, Columbia University Press, 2000.

3
Jean Baudrillard, *Selected Writings*, Mark Poster, éd., Stanford, Stanford University Press, 1988, p. 166. Selon Richard J. Lane, *Jean Baudrillard*, Londres et New York, Routledge, 2000, p. 86, cette fable de Borges est « De l'exactitude en science ». Dans *The Vital Illusion*, p. 63, Baudrillard mentionne aussi la « fable de la carte et du territoire ». Pour la citation originale en français, voir Jean Baudrillard, « La précession des simulacres », dans *Simulacres et simulation*, Paris, Éditions Galilée, 1981, p. 9.

4
François Jullien, *Éloge de la fadeur. À partir de la pensée et de l'esthétique de Chine*, Paris, Éditions Philippe Picquier, 1991, p. 8.

Les œuvres dans l'exposition

Yechel Gagnon a créé *Palimpseste* à la suite de sa visite du McMaster Museum of Art en octobre 2003. Les pièces réalisées dans son atelier, expédiées au musée et transformées en une œuvre d'art globale peuvent faire penser aux trois ordres de simulation de Baudrillard (ses *simulacres*). La « simulation de premier ordre » est l'objet réel (le contreplaqué, le papier). Sa « simulation de second ordre » brouille les frontières entre la réalité et la représentation (la topographie du contreplaqué rainuré); et son « troisième ordre de simulation » est l'*hyperréel* ou la réplique de la réplique[5] (le *frottage* que fait Gagnon du relief de contreplaqué rainuré et sculpté).

Son relief *Palimpseste* mesure 10 x 35 pieds (305 x 1067 cm) et comprend 14 panneaux de contreplaqué d'épinette sculptés à la gouge et au ciseau. C'est une création par soustraction et c'est au moyen de l'arrachement et du ciselage par meuleuse, couteau, sableuse et évidoir qu'elle érode la surface pour évoquer topographies, paysages chinois et carte fictive du monde. Dans le même espace, l'œuvre *Plies* 2004, composée de trois colonnes autoportantes, chacune de 10 x 2 x 2 pieds (305 x 61 x 61 cm), sacralise la salle Sherman avec ses formes de bois parfaitement rainurées qui rappellent les dolmens et l'architecture de temple. Faites par addition, deux des colonnes présentent un angle de 89,5 degrés et la troisième est complètement droite. La monumentalité des colonnes autoportantes et des panneaux de bois suggère le poids de l'histoire, non pas dans la violence du feu et du sang comme dans Borges, mais plutôt comme traces, mémoire et information.

Gagnon a créé l'œuvre *Nuances* 2004 par frottage : les « frottages, » ou impressions visuelles, sont obtenus en faisant une impression de l'objet réel sur du papier ou un autre matériau. Gagnon a dressé une carte de ces fragments en les redessinant au fusain ou au graphite sur du papier ou du mylar. Accrochée dans la salle Panabaker, *Nuances*, qui mesure 10 x 16 pieds (305 x 488 cm), comprend sept dessins distincts, quatre au graphite sur mylar et trois au graphite et fusain sur papier. Installée sur le mur du fond de cet espace blanc comme une chapelle, elle répète une part de l'information de la murale *Palimpseste* dans la salle voisine. C'est une simulation d'une simulation, cartographie du geste de sculpter dans le domaine du dessin.

À gauche, tout juste à l'entrée de la salle Panabaker, se trouvent trois moulages verticaux mesurant 10 x 2,5 pieds (305 x 76 cm), intitulés *Mindscapes* I, II, III 2004, créés par l'impression d'un épais papier mouillé sur des sections du relief de contreplaqué. Dans le travail de Gagnon, le résultat final donne une impression de spontanéité, mais le processus est aussi laborieux et délicat que la création d'une puce informatique. Les outils de ciselage demandent beaucoup force physique et une grande maîtrise pour intervenir sur une surface de bois de

5
Jean Baudrillard, « II. L'ordre des simulacres. L'hyperréalisme de la simulation », dans *L'échange symbolique de la mort*, Paris, Gallimard, 1976, p. 111, 112.

manière à réaliser une œuvre et non une plaque défigurée. Si Paterson Ewen (1925–2002) utilise le contreplaqué comme matériau et une gouge comme outil, ses œuvres sont modernistes – les couleurs sont riches et vibrantes, les thèmes sublimes, les surfaces des morceaux de bravoure. À l'opposé du concept moderniste du génie créateur, la maîtrise des formes semblables à des lavis à l'encre dont fait preuve Gagnon et sa capacité à sélectionner et à représenter manifestent sa compréhension de la règle dans la nature, ce qui accentue son intégrité artistique. L'élégance de son travail fait oublier sa naissance dans le bois et le papier, le moule et le produit. L'art de Gagnon est pareil à la carte qui recouvre la surface et en procure la certitude réconfortante. Les moules en papier coulés deviennent eux-mêmes des objets lorsque extrudés. Ce sont des répliques de la réplique, donc hyperréels – libérées de la réalité.

Gagnon, Borges et l'esthétique chinoise

Comme les paysagistes chinois qu'inspirait l'idéal, Gagnon capte dans son art la fraîcheur, la vitalité ou *chi* qui parcourt toutes choses et confère cette énergie au monde. À la fois architectural et discret, poétique et mystérieux, cet art est satisfaisant, car il est *plein* : plein de nuances, plein de mémoire, plein d'espace, ouvert et contenu tout à la fois. Il est également *libre* : libre de politique, libre d'ironie, vide de clichés. Le palimpseste conserve en effet une connotation sacrée qui surgit d'impressions comme les presque imperceptibles nuages, chutes et détails dans la surface des formations rocheuses. Borges écrit, « Nous devons sauver les traces du mystère et de l'opacité définitifs du monde de l'illusion[6]. » N'est-ce pas ce que fait Gagnon dans ses espaces imaginatifs révélés dans les surfaces de bois gougées, ciselées et traitées, et dans les frottages réalisés sur papier et mylar par frottement et impression. Dans son essai, *The Wall and the Books*, Borges déclare « que tous les arts aspirent à l'état de musique, qui est pure forme[7]. » La méthode de Gagnon est de fixer cadences et rythmes et de les transcrire sur papier et dans le bois, contrôlant et actualisant les forces créatrices, projetant ainsi l'énergie libidinale.

Le libre jeu de l'illusion, ainsi que le mystère émanant du palimpseste de cette stratification, révèlent ce qui n'est pas caché, tout en conservant une aura de mystère. La finesse de l'art de Gagnon contredit le travail physique qu'elle fait subir au bois. Comme Wang Meng, l'un des quatre grands peintres de la dynastie Yüan (1280–1368), qui atteignait « un ultime effet de tranquillité » par sa « technique de l'intensité dynamique », Gagnon dirige elle aussi le champ de force de sa créativité au moyen des outils sur le bois qu'ils travaillent pour créer un monde au-delà du réel. La peinture de paysage chinoise exige des années de pratique pour parvenir au contrôle physique et à la discipline spirituelle nécessaires pour la maîtriser[8]. Créée en atelier, la peinture de paysage chinoise naît du rappel d'une image mentale.

6
The Vital Illusion, p. 74.

7
Jorge Luis Borges, *A Personal Anthology*, Anthony Kerrigan, éd., New York, Grove Press, p. 92.

8
Barry Till, *Chinese Painting from the Bei Yi Zhai Collection*, Victoria, Art Gallery of Greater Victoria, texte de l'exposition, 1992, s. p.

Gagnon parvient à la même synergie que celle suscitée par la concentration et l'énergie requises pour réaliser une belle calligraphie ou une subtile peinture au pinceau et à l'encre. Son art ne relève pas de la chance, mais bien de la précision, de la progression et de la subtilité. Sa pratique du monochrome ou de soupçons de couleurs très limités soutient la comparaison avec l'esthétique de la Chine médiévale où poésie, calligraphie et peinture devaient engendrer la contemplation.

On dit que la peinture ne touchait pas Borges, car il avait perdu la vue au début de la cinquantaine, mais l'esthétique chinoise le fascinait. Sa nouvelle, *The Garden of the Forking Paths*, est un récit labyrinthique qui a pour thème le temps[9]. Elle « embrasse toutes les possibilités du temps ». Dans ce récit, le docteur Yu Tsun, un espion pour les Allemands durant la Première Guerre mondiale, arrive à la maison du docteur Stephen Albert dans une banlieue de Londres. Il projette de l'assassiner afin que son meurtre fasse les manchettes et signale aux Allemands de bombarder la ville où les Britanniques conservent leurs minutions. Toutefois, avant d'agir, il apprend qu'Albert est un sinologue qui a reconstruit un jardin complexe à partir de sa perception des images chimériques du roman de Ts'ui Pên, un gouverneur du Yunnan et le propre arrière-grand-père de Yu Tsun[10]. Le récit de Borges, quoique absurde, est plausible. Peut-être contient-il un mystère plus grand. *Nuances*, le dessin à grande échelle de Gagnon, est pareille à « l'image de l'univers tel que le concevait Ts'ui Pên[11]. » À partir d'un hasard apparent, Gagnon réalise de délicates esquisses métaphysiques qui contredisent la matérialité du processus. L'esthétique devient le merveilleux et le spectateur peut alors rêver, imaginer un but à l'univers et visualiser une muette intelligence artificielle.

La subtilité poétique de l'art de Gagnon, sa fine monochromie et son évocation de la brume, des chutes et des cavernes, rappellent la peinture chinoise à l'encre et au pinceau[12]. Le mot chinois *dan*, « fadeur », signifie à la fois délicatesse et détachement intérieur. La fadeur et la beauté élégiaque qui inspirent l'esthétique chinoise favorisent la contemplation méditative engendrant introspection et effet calmant. Selon François Jullien, un professeur de philosophie et de littérature chinoises à l'Université de Paris, le concept de fadeur est commun au confucianisme, au taoïsme et au bouddhisme. Ce n'est pas un état abstrait, mais une qualité qui donne accès à l'austérité désencombrée et aux profondeurs évocatrices de l'art chinois, non pas coupé des sens, mais en déploiement et en expansion dans un monde de profondeur nuancée[13]. La *fadeur* est le pouvoir de rester neutre, les émotions en équilibre, parvenant à l'efficacité par la discrétion et l'effacement. C'est le rejet du spectaculaire et du superficiel; le diffus, l'obscur et le subtil ne sont jamais lassants, mais essentiels. La *fadeur* exprime une relation harmonieuse au monde, une tranquillité définie dans l'esthétique chinoise comme le vide ou « la qualité du poème qui se prête à cette *transformation* infinie[14]. » Elle va et vient avec

9
Jorge Luis Borges, *Labyrinths. Selected Stories and Other Writings*, Donald A. Yates et James E. Irby, éd., New York, New Directions Publishing, 1964, p. 19–29.

10
Labyrinths, p. 27, 28.

11
Labyrinths, p. 28.

12
Gary Michael Dault, « Yechel Gagnon at V. MacDonnell Gallery », *The Globe and Mail*, le 9 février 2000, p. C6.

13
Jullien, p. 8, 9.

14
Jullien, p. 88.

le visible et l'invisible, son vide épousant tous les mondes possibles. La *fadeur*, selon Su Dongpo (1037–1101, appelée aussi Su Shi) permet de ramener l'esprit à son état virtuel. Comme l'écrit Jullien,

> La richesse de la fadeur réside dans la possibilité qu'elle nous offre de convertir le regard en conscience et d'approfondir sans fin : au lieu de satisfaire sur-le-champ nos goûts les plus superficiels, la peinture fade appelle l'intériorité à s'immerger toujours plus en elle. Et peinture et conscience évoluent de concert [15].

Quand Gagnon contemple la façon dont les motifs dans le bois contiennent toutes les merveilles de l'univers, concentrant l'aura mystique du monde en spirales ou en vignettes, son activité mentale est similaire à celle de Borges rêvant à l'*Aleph* : l'un des points de l'espace qui contient tous les points, un lieu où se trouvent tous les lieux de l'univers vus sous tous les angles, et révélant l'univers par le trou de la trappe de la cave sous le plancher de la salle à dîner [16]. Borges évoque l'absurdité de toute tentative de déchiffrement de l'univers, tandis que Gagnon présente une preuve visuelle de la quête métaphysique que rend possible la découverte plutôt que l'invention. Borges renvoie aux philosophes idéalistes du XVIIIe siècle, George Berkeley par exemple, selon lesquels la réalité n'est que fiction de l'esprit. L'artiste a peut-être plus de chance d'atteindre la perfection esthétique que l'érudit a de découvrir la vérité, car la vue est empirique. Borges suppose « un monde d'impressions évanescentes; un monde sans matière ou esprit, ni objectif ni subjectif; un monde sans architecture idéale de l'espace; un monde fait de temps ou le temps uniforme absolu des *Principia*; un labyrinthe infatigable, un chaos, un rêve [17]. »

La corrélation entre les marques de l'artiste et la fabrication langagière de mondes par Borges vient du même élan créateur. Didier Anzieu (1923–1999) écrit que « l'idéal de l'omnipotence narcissique court en filigrane à travers les contes : créer un nouvelle langue (pour être seul à la parler), fabriquer d'autres sociétés, d'autres mondes, réunir dans une seule bibliothèque tous les livres... [18] ». Nul besoin de labourer le narcissisme dans le sillon créateur pour comprendre que les artistes doivent préserver leur moi afin d'éviter de tomber dans l'abîme qui se trouve juste au-delà des frontières de la réalité.

Les écrits de Borges naissent du presque chaos, fusionnant l'histoire, le temps et toutes les possibilités dans des juxtapositions étranges, par la stimulation de l'irrationnel et le questionnement de la réalité consciente. Au moyen de la juxtaposition, lors de la contemplation des passages ou compositions détaillés des *Mindscapes* de Gagnon, il est possible d'accéder à une semblable structure d'espaces mouvants. Son talent d'artiste lui permet d'intégrer des

15
Jullien, p.117.

16
Jorge Luis Borges, *L'Aleph*, traduit de l'espagnol par Roger Caillos et René L.F. Durand, Paris, Gallimard, 1967, p. 201, 202.

17
Labyrinths, p. 221.

18
Didier Anzieu, préface du livre de Julio Woscoboinik, *Le secret de Borges*, Lyon, Césura Lyon Édition, 1989, p. 11.

réponses imaginatives à la complexité et à l'ambiguïté de l'existence afin de la tracer sous forme visuelle tant métaphysique que concrète.

Les plaisirs de l'imagination

Si ces œuvres ne sont pas critiques, elles sont analytiques. Les configurations apparemment aléatoires sont ordonnées en une esthétique attrayante qui dépasse le plaisir superficiel d'entreprendre une recherche sur la nature même de l'art visuel. Que fait donc l'art ? Comment y parvient-il ? Les associations inattendues à des objets ou à des scènes réels surgissent des menus détails. L'imagination saisit l'obscur et tente d'en tirer des signes. Pour distinguer la production éthique de Gagnon de l'ésotérisme ou du sophisme, il faut y accorder une attention fine. Ce qui rapproche ses œuvres du zen, c'est l'expérience de l'éveil qu'elles font vivre lors de leur contemplation. En cette ère de l'information, bits et octets forment la cybernétique et l'image linguistique visuelle est le médium d'assimilation du savoir. L'art de Gagnon agit comme une visualisation de notre interface quotidien avec des machines intelligentes, où les diverses mutations sont infinies. Notre esprit doit se tracer un chemin à travers la surinformation et la vitesse de la pensée informatique. « Naviguer la toile » exige une attention sans visée. Cette absence de but est un résultat désirable de l'exhortation bouddhiste à vider l'esprit. Voilà comment opèrent ses *Mindscapes*. Le plaisir engendré est irréfléchi. L'œuvre exige la contemplation et procure la relaxation. Berkeley pensait que le monde n'existait pas en dehors de nos impressions et que nous commandons son existence. Par conséquent, la vie se déroule dans nos pensées. Sur le plan de la perception, les marques, lignes, couches, arêtes et fissures des traces que fait Gagnon dans le bois sont une métaphore de cette existence.

Si son art décrit un monde intangible, il demeure lié à un monde intérieur de pensées, de volitions et d'émotions... et aussi, par allusion supplémentaire puisqu'on peut l'imaginer – quand on regarde un détail ou qu'on saisit toute « l'information » – d'évocations de l'histoire et de l'activité humaine. L'art de Gagnon, s'il est fictif, surgit du monde empirique ou vécu puisqu'elle le crée physiquement et, par ce geste, non seulement l'imagine-t-elle, elle l'intuitionne.

Pour Borges, pensée et raisonnement étaient des activités significatives, tandis que Gagnon suggère que la perception met en branle ses propres connotations imaginatives qui abordent un monde abstrait idéal. Dans sa nouvelle, *The Library of Babel*, Borges suggère qu'un vide existentiel surgit quand le langage des livres est inconnu et qu'il est donc insensé de se lancer dans une quête fébrile et infructueuse de traduction. L'art de Gagnon évoque le plaisir de se trouver dans l'inconnu. Certains commentateurs qualifient les écrits de Borges d'ésotériques, compris seulement de quelques élus, sans doute parce que son œuvre n'est pas largement connue. Borges prenait plaisir à être mystérieux. Le mot n'est pas aussi clair que l'image. Il est possible de percevoir l'art de Gagnon; il agit comme l'*Aleph* de Borges, une petite fenêtre sur un univers qui révèle tous les mystères du temps et de l'univers *puisqu'ils peuvent être vus*. George R. McMurray concluait que « Borges amplifie l'effet des émotions et laisse au lecteur une lucidité plus vive et l'espoir d'un extase qui échappent à la formulation intellectuelle[19] ».

L'exposition *Palimpseste* propose des solutions épistémologiques et ontologiques à ce qui est littéralement sous la surface des choses et de la pensée. Elle est aussi un refuge contre la confusion en circonscrivant la complexité dans des champs définis, séparés par un espace blanc et une absence de bruit. Le jeu dialectique entre les passages intenses et le vide du non-être équilibre la tension et engendre une vitalité dépourvue de passions. En l'absence de signifiants linguistiques, émerge une vérité élaguée. Elle est à la fois énigmatique et complètement ouverte, forte et pourtant délicate, si elle est inspirante, ses nuances la modèrent et ses effets sont contenus. On peut comparer la technique d'inscription de l'information utilisée par Gagnon à la méthode du récit dans le récit que Borges employait. Toutes les parties sont des segments d'un tout et tout est relié. Le plaisir de *Palimpseste* relève de l'imagination.

19
George R. McMurray, *Jorge Luis Borges*, New York, Frederick Ungar Publishing Co., 1980, p. 151.

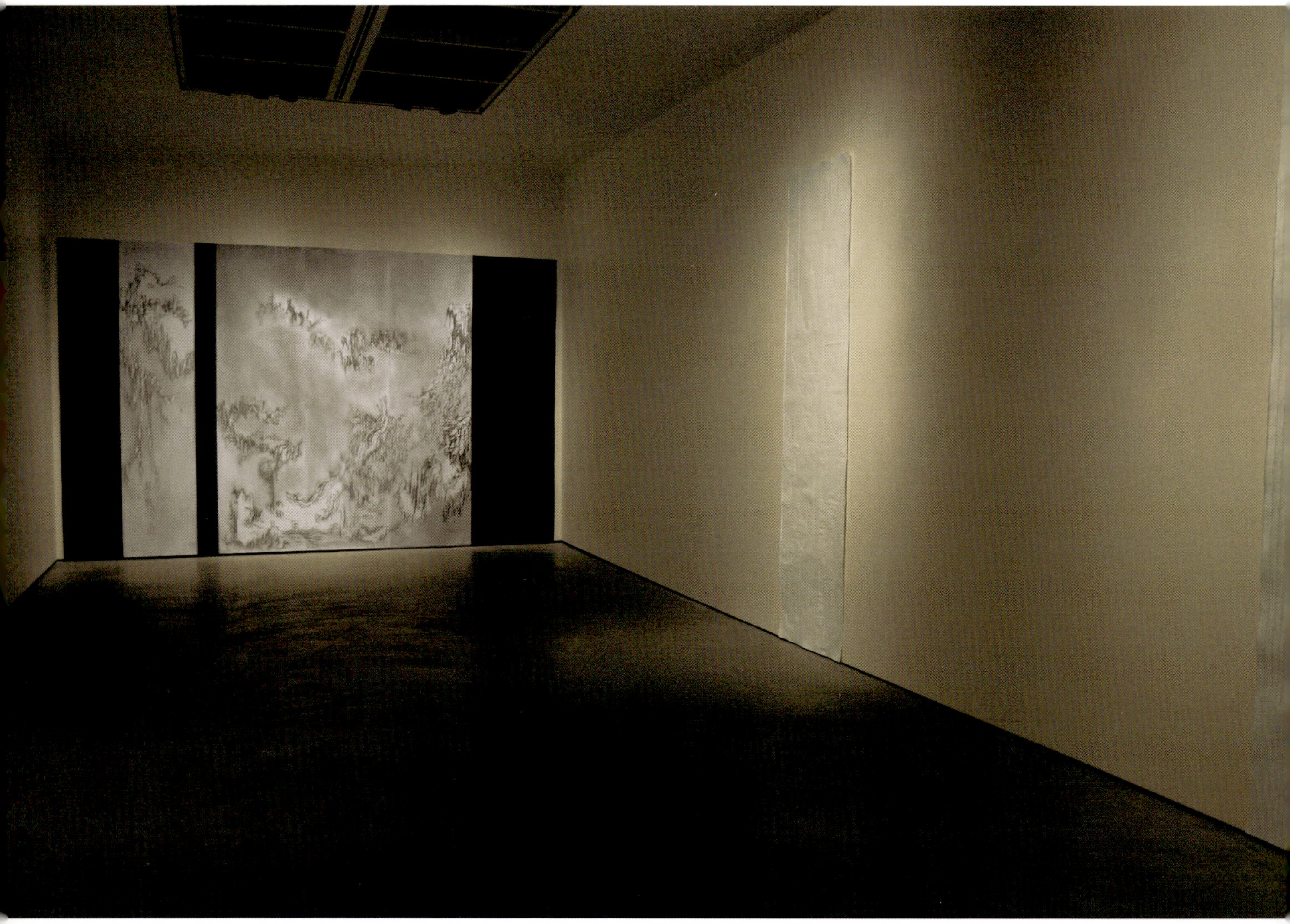

INTERVIEW WITH YECHEL GAGNON

Stéphane Aquin

Let's start from the beginning. When did you first start making art?

I began at a very young age because I had a language problem. I had difficulties expressing myself verbally, so I took refuge in the creative realm, where I felt most comfortable. Even though my parents came from a modest background and didn't know much about art, they understood this and encouraged me in this direction. They kept on buying me artist's materials—pencils, brushes, paper—since it was my only means of communication. I eventually overcame the problem, but art remained for me a vital means of communication.

It was therefore quite natural for me later on to pursue an artistic route. I began studying at York University, near Toronto, in the Fine Arts Department. This was a rather theoretical curriculum, with very few studio courses in painting, drawing or sculpture. After two years there, I felt I needed to work in a more hands-on environment, so I registered in the Drawing and Painting program at the Ontario College of Art and Design in Toronto. This school was a revelation to me, because all of the teachers were professional artists whose works were shown in galleries and museums. Paul Sloggett had a positive influence on me, as did John Scott, who stressed the importance for every artist to find their own individual approach. I came to realize that I could make art my career. So, in my second year there, I began to exhibit my work in galleries.

What sort of work were you doing at that time?

Painting, in the vein of Abstract Expressionism. I was captivated by the materiality of paint and the gestuality it revealed, so the results were both very physical and essentially abstract.

I was studying the works of many artists who are often influential to young painters: Helen Frankenthaler, Frank Stella, Richard Diebenkorn, the great classics of abstract action painting up to Jonathan Lasker. Rothko and Riopelle also made a strong impression on me, and they still do today.

So painting was where I started. I began using plywood in an academic assignment. In one of his classes, Paul Sloggett asked us to paint on a support other than canvas. I had found a piece of plywood and proceeded to create an abstract painting on it. That was in 1996.

Coincidentally, that was the very year in which the Art Gallery of Ontario, just down the street, was showing the major Paterson Ewen retrospective. What effect did it have on you?

This was a major revelation, since I had never seen his work before. My teachers had told me to check out this artist who was also working on plywood. I remember the opening—it's still very vivid in my memory—Paterson Ewen was standing a few feet away from me and I wanted to tell him how fascinated I was by his monumental pieces, and to what extent his art had profoundly moved me. I was so overwhelmed that I couldn't even speak to him, but I went back five or six times to the exhibition.

In the beginning, I was obviously influenced by his work. I started routering the wood, then I would apply some acrylic paint. I did this for some time, until I realized there were so many natural colours in the wood that it was unnecessary to apply paint. I became more interested in working with the plywood's own language than in superimposing my imagery on it, as Ewen did.

While doing this, you were no longer painting, but rather sculpting bas reliefs. Was this some sort of renunciation of painting?

I did not see it so much as a renunciation but rather a transformation. At the time, I still did see this as painting. At the end of my undergraduate studies I won the Painting Medal Award, and this started a sort of controversy among my classmates because I was no longer using actual paint. I can remember answering them, "When does a painting cease to be a painting? It could still be a painting without any paint." I was working with an image, a composition, with tonal values and gestuality, all of which are pictorial elements. In fact, even though I was no longer using paint, I was still thinking in the terms of a painter.

When did you stop thinking in the terms of a painter?

Rather late. In fact, it was not before having completed my master's degree at Concordia University in Montreal, where I was still registered in the painting curriculum. In 1999 I travelled throughout France and Spain, where I had yet another great revelation! I was discovering everything that I had learned in my art history classes at York, without having been moved by any of it at the time. I had rediscovered the history of art! I was most impressed by the Gothic cathedrals, which had a determining impact on my way of looking at art. From that moment on, architecture became the prevailing paradigm in my practice.

In *Palimpsest*, you are thinking in the terms of an architect, a painter, a sculptor and a printmaker.

It is true. In *Palimpsest*, I wanted all these disciplines to appear simultaneously, and to sort of cross-fertilize one another. One can find something similar in cathedrals with the interaction of the stained-glass windows, the bas reliefs and the pillars. I had already explored this idea before in *Cross-ply*, presented at *La Centrale*. I had built a room in the shape of a house around the gallery's central column. On the exterior, the plywood was intact, but inside the surfaces were intentionally eroded. I saw this installation as both a metaphor and a nucleus of all architectures, from the building to the city block, to the city itself, and so on. Following this project, I became interested in the work of Swiss architects Herzog & de Meuron. I was impressed by their very introspective approach, by their exploration of the materials' properties, the importance they give to models and archives, and particularly by their ongoing dialogue with contemporary art.

I can remember Francis Bacon saying something of this nature, "We must read poetry, we must listen to music, we must look at art, not to have knowledge about things, but to experience them." For me, the trips I made and the architectural sites I visited allowed me to live through emotions which later served as starting points in conceiving my projects, a sort of meditative process that helped to formulate my own ideas.

It is the difference between a work of art that is lived as an experience as opposed to seen as a spectacle.

That is what I was aiming at, in *Palimpsest*: to create a *lieu* for a unique experience, for a voyage through space. The pillars, the murals and the perspectives from one piece to the next integrate the whole gallery into the work. I do not wish for the emotions experienced by the viewers to evaporate the moment they leave. I'd rather induce them into a meditative experience, in such a way that they do not see the world in quite the same way afterwards. I believe art has that power to transcend time and change our way of looking at things. I was stimulated in this reflection by the work of Bill Viola, which I saw in a retrospective in New York, an exhibition dealing with the essential themes of life, death and beyond.

Are you, like him, drawn to Asian aesthetics?

I have been interested in Chinese painting for many years. It is often a world devoid of colours, in which multiple perspectives coexist: frontal, aerial... What I find particularly moving about these paintings is the silence, the emptiness, the space where the brush has not touched the surface, yet they are rich with information. This is what I seek in my own work; the balance between the void and the sign, the empty space and the human presence, between the natural and the artificial. In this respect, I have always been fascinated by the Chinese Scholar Stones, strange and beautiful objects of which we are not sure whether they were made by craftsmen or are simply the result of natural erosion.

What do you find so fascinating about plywood?

It is North America's quintessential building material. It is also purely functional, a utilitarian product that is always hidden, since it can't be seen once a building is finished. In a way, I reverse this process; by tearing out some of the layers, I expose the material for what it is and reveal some of its intrinsic organic patterns. On a purely aesthetic level, it is a very rich material, lending itself to an array of artistic possibilities.

Are you motivated by ecological considerations?

Yes, in a way that's what I like about plywood. During my studies at Concordia I became very interested in the *arte povera* movement. I liked the way its artists used unsophisticated materials, and also the whole nature-culture dialectic that permeates their work. Similarly, plywood is a material that originates from nature; it is basically wood, but it has been transformed by man to serve industrial purposes. It is a metaphor of the complex relationship we have with nature; it is a bridge between creation and destruction, the destruction of the natural environment and the construction of the human habitat.

This link with nature is very important to me, but it does not make it ecological art per se. I am not preaching any message, even though I act in an ecological manner in the studio by collecting the wood debris, sawdust and wood chips that my works leave behind.

How do you approach an intact sheet of plywood? Do you already have a composition in mind?

On the contrary. I use an electric router, wood chisels and a sander, but my two principal tools are observing and listening. Before starting to carve, I look and observe the panel until I see some sort of pattern. I don't impose my own images but let them emerge. The knots, the grain, the manufacturing defects all make up some sort of map, with various routes. It's up to me to decide which direction to take. It may sound odd, but I really feel some sort of connection with the material. Before I begin routering, I must be attentive.

There is a sort of dialogue with the material.

Yes. I listen to what the material is evoking and I answer back with my own language.

This is not a dogmatic or authoritarian position like that of the abstract expressionist painters who influenced you in the first place. Is it a feminist position?

No, I don't think like that. I have no political motive. My position derives from a respect for the material. Harmony should prevail between the material, the tools and the artist. It is not unlike the way native sculptors approach their totem poles. They have an absolute respect for the wood, which is a living element. One has to be receptive, respectful, and open-minded.

This may be particularly relevant nowadays, when we try through our means to change the world but often we remain deaf to what nature tells us.

In that regard, the studio is a place where your relationship with the world is ethical as well as aesthetic.

Indeed. The studio is not cut off from the world. Everything else is projected in it. Art and life are intimately linked. What I experience in the studio affects the way I live globally with the outside world.

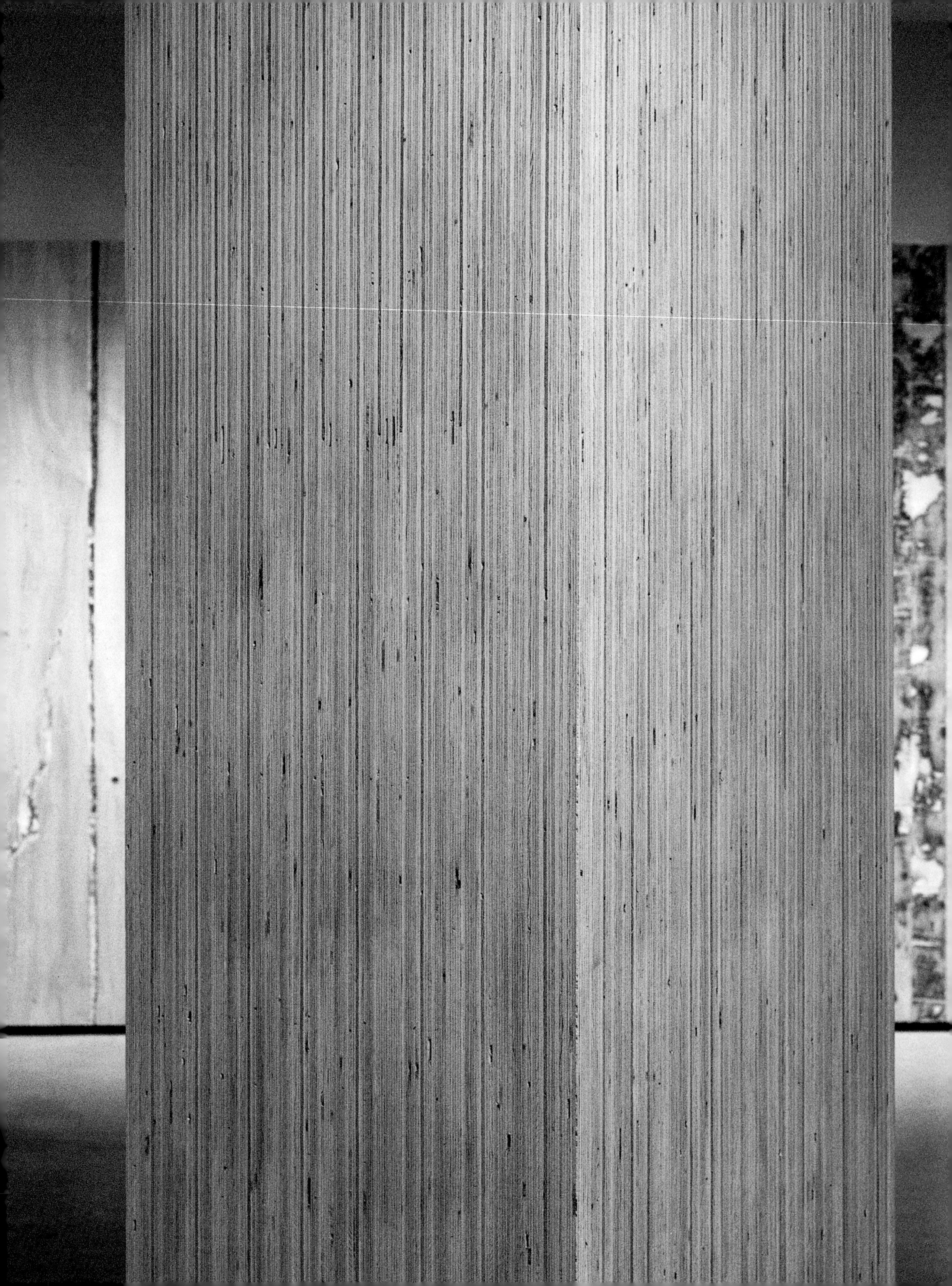

NOTEBOOK (excerpts)

Bernard Chassé

Green. Dense. Contrasting shadows. Wind whistling through the leaves. The heaviness of summer. Fire. An acrid odour pervades for kilometres around. The fragile forest, surviving, in spite of all and of everything. Even human foolishness. To pay homage to it, to create familiar landscapes that cannot be seen in reality. The work of the artist. Appropriation of matter. Wood, its resistance, the wisdom one can gain from it.

October 2003

On the other end of the line, Yechel has just confided that she will exhibit at the McMaster Museum of Art. I hear her joy, I feel a hint of pride, but also the vertigo brought on by such an undertaking.

April 2004

Yechel and Alexandre came for a visit this evening. The joy that Denis and I share of having them over. At the end of the meal, Yechel asks for a moment to speak about her project. She presents a model of the museum's exhibit rooms, and explains to us what she wishes to realize. First gestures, first ideas, fragile, essential. One senses her nervousness—very certainly a good sign in such circumstances, signalling that something important is about to happen.

Yechel Gagnon does not wish to impose her work on a given space, much less to fill that space to pre-existing criteria. Rather she wishes to bring to life the space into which her work will unfold, to activate the space so her work will resonate long after the discrete objects are removed. She imagines—and asks us to visualize with her—entering the gallery, the first impressions, the probable and improbable reaction of the visitors—their astonishment, their curiosity, their urge to understand.

This is where the first explorations took form, similar to those of the writer scribbling on a scrap of paper, in a notebook, in a calendar, the words to the poem or of the novel that is yet to come. Yechel Gagnon casts, in this way, before us, the indexes and traces from which her work will blossom.

Artists work in successive impressions, never in preconceived ideas. Until the very end their work is always in a state of becoming, like matter itself, organic, alive, because it changes inevitably. Just as thoughts change and crystallize by arduous effort, progressively, inevitably. Destiny evaporates.

It is said that the carpenter becomes the wood that he works. One body. The gesture of the hand, the force necessary to subdue it, to rend the surface. Restraint and attentiveness are also essential, in the face of such fragility.

Yechel Gagnon is an artist of touch, more than—it seems to me—an artist purely of vision, that is to say only given to seeing. I am persuaded that she would say the contrary, and would explain why... Her work has nothing to do with that of Paterson Ewen, for instance, who explored variable geometries, representation of spaces. Or that of René Derouin, whose voluntary approach proceeded from the perspectives of an imaginary cartography. Voyeurism.

When I look at the body of Yechel's work, I perceive precisely the interplay between the verticality of each of the panels, the linear correlations, the surfaces, the effects of the colours, the tonal values creating links between these panels, the continuous rhythm and the ruptures. I see clearly relations of complement, of contrast, of depth. I understand the artist's intention to create effects of transition, sometimes delicate and semi-transparent, sometimes deeply engraved in the grain of the wood. For me, this reading is dependent on the invitation to understand other things in her work, other worlds.

Because the essential resides first, from what I can see, that is to say, not in a graphic representation, but in the process itself which has preceded it, and made it possible. I imagine Yechel caressing softly the grain of the wood, the knots, the scars, and I imagine her following the veins, the hollows and the swells, exploring with her hands, to discover the tiniest secrets of the wood. I envision her fingers sliding, caressing, pausing at certain places, to discover, to encircle anew. Touching to inflame the smallest details. Then to see, but only after...

Looking. Each piece of plywood differs depending on the type of wood (soft or hard) and the application of the glue, and the kind of glue used—forest greys, vegetal greens, earthy browns, amber tones that are nearly black. In some places one can see the seal of the lumber company, symbolizing appropriation of nature by man. I imagine Yechel embracing a tree in her arms. Seizing the world, touching it, closing her eyes at first.

May

Behind me I close the door to Yechel's studio. Two old women are sitting on the other side of the street. They look at me leaving the building as if I were an unexpected distraction. It is May. Spring is barely here in Montreal's working class district of St. Henri. I walk slowly. My mind is buzzing with ideas, spreading out in a thousand directions. For weeks now, I have watched Yechel working on her latest piece. A privilege. A mystery.

I am not an art historian, nor critic or museum curator. My point of view is different. Oblique, if I dare say so. It is that of an amateur, that is to say, of someone who knows without knowing, who loves and passionately tries to understand using his own references. My interpretation of Yechel's work is based on intuition, cross-references, bringing to bear the other works that I love or which challenge me for various reasons. I do not resist stray pleasures. Why would I?

Yechel is a discreet, subdued woman, inwardly boiling with passion and sensitivity. Fragility. I say this because I know that few people have access to her studio; she protects it like a kind of closed universe, isolated from the rest of the world, from the noisy and too often useless rumblings from the outside. It is not like she is hiding or wishes to withdraw from the world. It is something else, a deep longing, a need to be alone in order to be available to oneself. Strength.

My meetings with Yechel have always been straightforward and unceremonious. What matters is that we understand each other, that we share our impressions and points of view. It doesn't sound like much, yet it may be all that really matters. Perhaps essential. The process of creation is neither linear nor reassuring.

Especially, take time. Find out the best course of action, for there is no second chance, only that of destroying and commencing anew.

Do not impose yourself upon the work or go against what the wooden surface offers to the artist. Rather, play with the tension which exists between that which one wishes to realize—the dream, the utopia, the desire—and that which the limits of the material permit. Plywood is much more fragile than one realizes. It breaks, it bends. One must treat it with care, with respect.

Several strokes of the chisel and the first lines surge, movements more or less precise. Yechel recaptures her original vision, without checking the sketches that she produced at the beginning of her project, working from memory alone. After work, she withdraws from it, to keep a necessary distance.

She works directly on the surface of the wood. No pencil marks, no lines like some painters draw before attacking the canvas.

The work is constructed in stages, one wooden panel after the other, working from right to left. The work done on the first panel guides the artist towards the next, and so on, from the second to the third...

The choice of tools is crucial. Close at hand, on a table, Yechel has arranged knives, chisels, scissors, assorted gouges, rasps, sculpting discs, hammers, etc. They all account for a particular aspect of the work: here some delicate, almost invisible grooves, there some deeper lines. Extensions of the hands.

End of May

Yechel's work on paper is on the wall. Untitled, yet. An immense format, one that the artist has never tackled before.

An expansive landscape. Neither black nor white. I go through long moments of silence. As does Denis, and Alexandre. Everything is so different from the rest... and yet so complementary.

I feel a sense of vertigo, until memories surface. Impressions of previously seen places. Mountains surge, valleys plunge. I think of the mountains and forests of Western Canada, their rivers and lakes, the eternal snows, of blinding white light.

My gaze embraces, circulates, escalates, plunges and remounts. One unearths some paths, engraved with passages, lost one moment, retrieved along the way. Certainly, I think of works by Chinese artists. A line drawn on the surface of a white paper (or a translucent one, as Yechel uses here), a landscape of an invented China.

The difficulty to suggest a scenic vignette, without describing it. There is no possible narrative.

July 16th

I have a rendezvous with Yechel at l'Atelier Circulaire.

11 o'clock. De Gaspé street. It is an open area, carefully looked after. People are working in silence, in a contemplative mood. Yechel has reserved a press to produce the next and final stage of her exhibition.

This time the technique is completely different: she does not rub the surface of the paper with charcoal, but embosses it. The plywood serves as a matrix.

The choice of paper is essential. One must know its weight, the resistance of its fibers. Its colour is of utmost importance; under spotlights, truly white paper would blind us and make the work all but impossible to read.

Everything must be meticulously orchestrated: the paper must be carefully soaked in water and aligned on the surface of the carved wood, the press must be operated manually, with a constant force, to assure a uniform impression.

Transferring of the image. Inverted traces. Palimpsests, perpetually reinvented signs, offered by the artist. Mastery and hazards of printmaking.

There is the work that Yechel has created. One work, despite a diversity of supports, of formats, of means and techniques. The cohesion is astonishing.

On the other hand, there is the work that escapes entirely from the one who signs it and this part will only be revealed through the eyes of others. Living through some strange process that is never completed but detached, where creation comes to life.

I salute you Yechel, with all my affection.

Biography

Yechel Gagnon was born in Montréal in 1973. She studied Fine Arts, Drawing and Painting at York University from 1993 to 1994. She received an AOCAD with Honours in Drawing and Painting from the Ontario College of Art and Design in 1998. She earned a Master of Fine Arts in Studio Arts from Concordia University in 2000.

Upcoming Exhibitions

2005 *Buttress*, Grunt Gallery, Vancouver

Hoarding (in-situ), Montréal

McClure Gallery, Montréal

Solo Exhibitions

2004 *Palimpsest*, McMaster Museum of Art, Hamilton, curated by Alexandria Pierce

Galerie Tournesol, Sorèze, France

2003 *Traces*, Moore Gallery, Toronto

2002 *Paysages laminaires*, Galerie Eric Devlin, Montréal

Rubbings, ZYPR Gallery, Toronto

2000 *Cross-ply*, La Centrale, Montréal

Excavation, V. MacDonnell Gallery, Toronto

1999 *Core/Première matière*, Galerie Clark, Montréal

1998 *Erosion*, Angell Gallery, Toronto

Red Salon Gallery, Toronto, curated by Virginia MacDonnell Eichhorn

1997 *Horizon*, Propeller Centre for the Visual Arts, Toronto

1996 *Esoteric*, Propeller Centre for the Visual Arts, Toronto

Duo Exhibitions

2002 *In the Rough*, Fran Hill Gallery, Toronto, curated by Virginia MacDonnell Eichhorn

Selected Group Exhibitions

2004 *Code 3*, Gallery 1313, Toronto

GLO (palpate), Archive Gallery, Toronto, curated by Carali McCall

Winter 2004, Moore Gallery, Toronto

2003 *Art with Heart Auction*, Casey House, Toronto

Phthalo Gallery, Vancouver

Dollop Salon, Rad'a Gallery, Montréal

2002 *Les Femmeuses*, Pratt & Whitney Canada, Montréal

McClure Gallery, Montréal

2001 *Surface Appearances*, ZYPR Gallery, Toronto

Pink, La Centrale, Montréal

Surprise, Archive Inc Gallery, Toronto

Le Centre d'art de Baie-Saint-Paul, Québec

Les Femmeuses, Pratt & Whitney Canada, Montréal

Galerie Eric Devlin, Montréal

The Art of Mentoring, Lieutenant Governor's Suite, Queen's Park

2000 *La cathédrale engloutie*, Galerie Lilian Rodriguez, Montréal

PasseArt, Centre d'exposition de Rouyn-Noranda, Québec

Perspectives, Pratt & Whitney Canada, Living Arts Centre

1999 *Resistance is Futile?*, Lonsdale Gallery, Toronto

Ritual, Rhythm and Repeated Actions, Propeller Centre, Toronto, curated by Virginia MacDonnell Eichhorn

Perspectives, Pratt & Whitney Canada, Living Arts Centre

See You Later, V. MacDonnell Gallery, Toronto

Fresh, Angell Gallery, Toronto

To you with Love, Propeller Centre for the Visual Arts, Toronto

1998 *Tall Orders: Spirituality*, Propeller Centre for the Visual Arts, Toronto, curated by Gary Michael Dault

Perspectives, Pratt & Whitney Canada, Living Arts Centre

Montreal Museum of Fine Arts, Art Sales and Rental Gallery

The F-Word, Propeller Centre for the Visual Arts, Toronto

Excerpt from *Paradiso*, Angell Gallery, Toronto

1997 *The Red Head X-mas Fund-raiser*, Red Head Gallery, Toronto

Divine, Propeller Centre for the Visual Arts, Toronto, curated by Rae Johnson

Abstractions, Propeller Centre for the Visual Arts, Toronto

1996 *Inaugural Exhibition*, Propeller Centre for the Visual Arts, Toronto

Strong Elixir, Karwah Gallery, Toronto

Re/membering Exhibition, OCAD Atrium, Toronto

Grants and Awards

2004 Canada Council for the Arts (Creation/Production Grant)

2003 Conseil des arts et des lettres du Québec (Research & Creation B Grant)

2002 W.B. Bruce Fine Art European Travel Scholarship

2001 du Maurier Arts

1998–00 Concordia University Graduate Fellowship

1998 Ontario College of Art & Design Medal (Highest Achievement in Painting & Drawing)

Mrs. W.O. Forsyth Scholarship

David L. Stevenson Scholarship

Owen W. Wilson Memorial Award

Ontario College of Art & Design Nominee for the Ellen Battell Stoeckel Fellowship, Yale University, Connecticut

1997 Av Isaacs Tuition Scholarship

1996 Carol & Mortan Rapp Foundation Award

Professional Artist Talks

2004 McMaster Museum of Art and McMaster School of the Arts, Hamilton

2000 Ontario College of Art & Design, Drawing & Painting Department

La Centrale, *Cross-ply*, Montréal

Residencies

2004 National Research for the Contemporary Digital Art, Sagamie, Québec

2001 Atelier de l'Île, Val-David, Québec

2000 International Symposium of new painting in Canada, à Baie-Saint-Paul, Québec

Teaching Experience

2000–Present Part-time faculty, Studio Arts Department, Concordia University, Montréal

Selected Collections

Osler Hoskins & Harcourt Collection, Toronto

Le Centre d'Art Baie-Saint-Paul, Baie-Saint-Paul

Bibliothèque nationale du Québec, Montréal

Other private and corporate collections

Yechel Gagnon is represented by the Moore Gallery, Toronto.

Bibliography

Articles, Interviews

ARTERY, People in Profile, (Vol 4.1, Summer 1998), p. 9.

BALZER, David. *Eye Weekly* (December 6, 2003), p. 6.

BRACKETT, Donald. "Art" *Toronto Life* (March 2, 1997), p. 30.

CANADIAN ART, "Fast Forward" (Summer 1999), p. 26.

CANADIAN ART, "Fast Forward" (Fall 2000), p. 18.

CANTIN, David. "Ruses métisses" *Le Devoir*, (August 11, 2000), p. B8.

CHU, Yen. "Perspectives Features Top Female Artists" *The Mississauga News*, (October 16, 1998), p. 18.

CÔTÉ, Nathalie. "À pied d'œuvres" *VOIR* (Quebec), (August 10, 2000), p. 16.

CÔTÉ, Nathalie. "À pied d'œuvres" *VOIR* (Montreal), (August 17, 2000), p. 40.

CREATIVE *Outlook*, Kansas City, (October 1998), p. 71.

DAULT, Gary Michael. "Gallery Going" *Globe & Mail*, (February 19, 2000), p. C6.

DAULT, Gary Michael. "Gallery Going" *Globe & Mail* (July 3, 1999), p. C10.

EICHHORN MacDonnell, Virginia. *Canadian Art* (Fall 2002), p. 142.

EICHHORN MacDonnell, Virginia. "Four April Shows in Toronto" *ArtFocus*, (Summer 1998), p. 16.

FEARON, Elizabeth. "Toronto Trot" *Vie des Arts*, (Hiver, 1999–2000, N 177), p. 72.

GRANDE, John K. "Made in Quebec" *CIRCA* 94. (Winter Issue, 2000), p. 19.

HARAC. "Yechel Gagnon: Palimsest [sic], August 29–November 28, Curated by Alexandria Pierce," *Artsbeat* Ver. 17.3 (September/October 2004), p. 5.

JORDAN, Betty Ann. "Diversity Revealed" *WHERE Toronto* (June 1, 1999), p. 26.

JORDAN, Betty Ann. "Gallery Going" *Globe & Mail* (April 4, 1998), p. C13.

KULENOVIC, Maja. *Espace*, Core (Été, 2000), p. 47.

LAMARCHE, Bernard. "Hors les murs" *Le Devoir* (August 26, 2000), p. C11.

LONG, Christine. "Machine in the garden exhibit" *CFCF News* (March 18, 1999).

MAART, Rozena, *Fuse* (Vol. 22, no. 4, 1999): p. 53.

MARCHAND, Keith. "Techno for an answer, A short-list of technology-related exhibits" *Mirror* (March 11, 1999), p. 43.

MCARTHUR, Douglas. "Art meets nature in Quebec's Charlevoix" *Globe & Mail* (July 7, 2001), p. T3.

MCKAY, Gillian. "Gallery Going" *Globe & Mail* (June 19, 1999), p. C1.

NORTHCOTT, John. "Erosion" interview, *CBC News* (March 25, 1998).

NORTHCOTT, John. "Horizon" interview, *CBC News* (October 24, 1997).

NORTHCOTT, John. "Esoteric" interview, *CBC News* (February 13, 1996).

REID, Stuart. "Shotguns" *Lola 6*, (Summer 2000), p. 83.

TURGEON, Rémi. "Sous l'écorce préfabriquée" *Vie des Arts*. (Printemps N186, 2002), p. 70.

VANPELT, Lydia. "The Propeller Gallery", *Artery* (Vol. 2, Fall 1996), p. 7.

Exhibition Catalogues

AQUIN, Stéphane. "Interview with Yechel Gagnon" in *Yechel Gagnon: Palimpsest*. Hamilton: McMaster Museum of Art, 2004.

CHASSÉ, Bernard. "Notebook" (excerpts) in *Yechel Gagnon: Palimpsest*. Hamilton: McMaster Museum of Art, 2004.

EICHHORN MacDonnell, Virginia. *Disclosure: Revealing the layers of Yechel Gagnon's Work*, in *Yechel Gagnon*. Montreal: Yechel Gagnon, 2002.

GRANDE, John K. *Matter of Excavation*, in *Yechel Gagnon*. Montreal: Yechel Gagnon, 2002.

PIERCE, Alexandria. "Yechel Gagnon's *Palimpsest*," in *Yechel Gagnon: Palimpsest*. Hamilton: McMaster Museum of Art, 2004.

Exhibition Essays

ANDERSON, Shannon & Catherine MacIntosh. *Machine in the garden/Machine dans le jardin*, (March 3, 1999). Montreal.

DAULT, Gary Michael. *Tall Orders: Spirituality* (December 4, 1998). Toronto: Propeller Centre for the Visual Arts.

EICHHORN MacDonnell, Virginia. *Ritual, Rhythm and Repeated Actions* (Oct 13, 1999). Toronto: Propeller Centre for the Visual Arts.

JOHNSON, Rae. *Divine*, (August 3, 1997). Toronto: Propeller Centre for the Visual Arts.

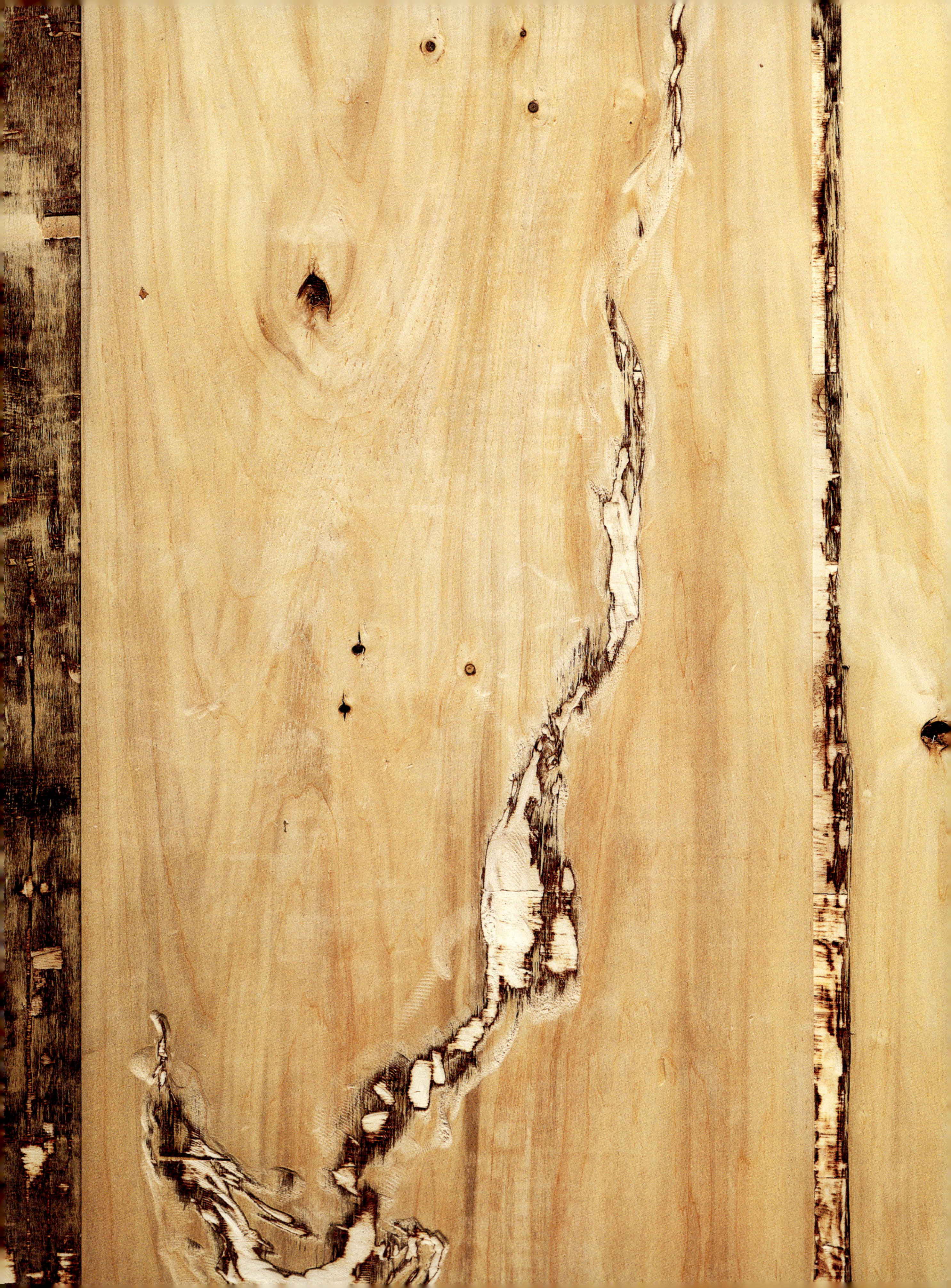

List of Works

Plies, 2004
Spruce plywood
305 x 61 x 61 cm each

Palimpsest, 2004
Routered and chiselled spruce plywood
305 x 1067 cm

Mindscapes I, 2004
Embossed BFK paper
305 x 76 cm

Mindscapes II, 2004
Embossed BFK paper
305 x 76 cm

Mindscapes III, 2004
Embossed BFK paper
305 x 76 cm

Nuances, 2004
Graphite & charcoal on mylar and stonehenge paper
305 x 488 cm